INTUITIV KOCHEN MIT

Ayurveda

IRINA HELD UND
DIE AYURVEDA HEROES

Widmung

All of
my life

Ich widme dieses Buch meinen Kindern Louisa, Matheo und Milan.

Auf dass sie zu einer gesunden und erfüllten Lebensweise
heranwachsen und hier stets nachschlagen können, sollte ich
es nicht mehr schaffen, es ihnen vorzuleben.
Ich liebe euch über alles!!!

Dieses Buch ist für all jene, die ihre Gesundheit selbst
in die Hand nehmen möchten, denn das können wir alle.

Irina Held, April 2021

Inhalt

Was es mit den Ayurveda Heroes auf sich hat und warum dies ein besonderes Buch ist...

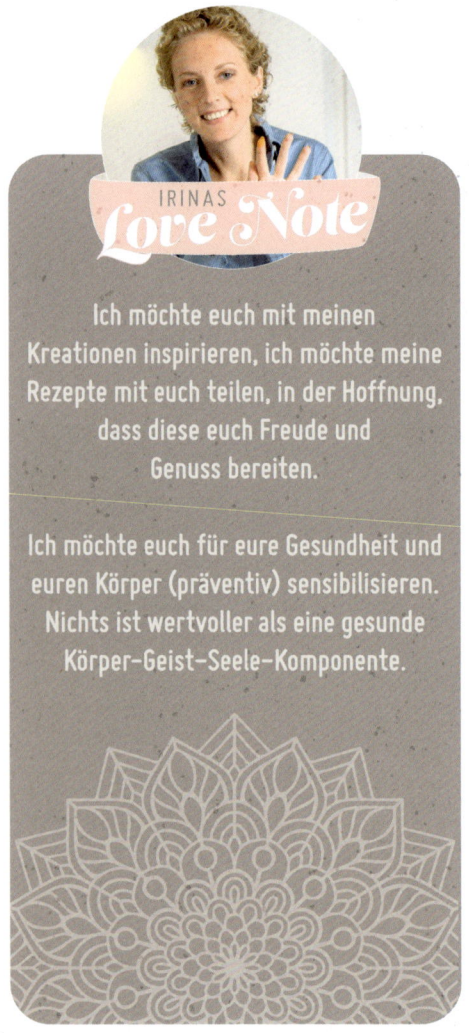

IRINAS Love Note

Ich möchte euch mit meinen Kreationen inspirieren, ich möchte meine Rezepte mit euch teilen, in der Hoffnung, dass diese euch Freude und Genuss bereiten.

Ich möchte euch für eure Gesundheit und euren Körper (präventiv) sensibilisieren. Nichts ist wertvoller als eine gesunde Körper-Geist-Seele-Komponente.

Unsere liebe Irina Held ist nicht nur das Cover-Model für dieses wunderbare Ayurveda-Kochbuch, sondern jemand, den alle in unserer sogenannten Ayurveda Bubble extrem liebgewonnen haben. Als eine wundervolle Powerfrau mit einem großen Herz, Mama von drei kleinen süßen Kindern und leidenschaftliche Ayurvedi, die mit ihren Instagramfotos und Koch-Stories Lust darauf machte, sich auch ayurvedisch zu ernähren.

Ihr Ansatz war dabei stets: tu dir Gutes, pflege deine Verdauung, take it easy, lass Nahrung deine Medizin sein und lass dich von deiner Intuition leiten, um ein leckeres und gesundes Mahl zu zaubern.

Leider erlag Irina am 9. Mai 2021, am Muttertag, ihrer Krebserkrankung und verließ ihr irdisches Dasein. Eigentlich wollte Irina sich bereits 2020 einen Traum verwirklichen und ihr erstes ayurvedisches Kochbuch herausbringen. Leider schaffte sie es jedoch nicht, neben dem Mama-Sein und ihren vielen Therapien, alles alleine umzusetzen.

Anfang 2021 haben wir, ihre beiden Ayurveda-Freundinnen Janna und Carina, uns darum fest vorgenommen, Irina ihren Traum vom ayurvedischen Kochbuch zu erfüllen. Natürlich mit der Intention, dass sie alles selbst mitschreiben sowie mitgestalten kann und dieses Buch als Allererste druckfrisch in den Händen halten wird. Idealerweise nachdem sie genesen ist.

Sollte dies jedoch nicht möglich sein, gaben wir Irina das Versprechen, dieses Buch dennoch herauszubringen, da es sich so viele ihrer Follower immer von ihr gewünscht haben. Und sie so gerne etwas Wertvolles für die stetig wachsende Ayurveda Community in Deutschland hinterlassen wollte.

Irina wünschte sich, dass der Titel des Buches „Ayurveda Heroes" heißen sollte, denn innerhalb von einem Tag sagten uns viele weitere Ayurveda-Expertinnen und -Experten aus der Ayurveda Bubble zu, Irinas Buchprojekt zu unterstützen. Für sie sind wir ihre Ayurveda Heroes, passend zu ihrem Nachnamen Held. So schrieben wir alle gemeinsam dieses Buch im Namen von Irina und auch irgendwie zum Teil für Irina. Natürlich anhand ihrer Vorstellungen und Inspirationen, was dieses Buch beinhalten und transportieren solle. Zudem haben wir viele ihrer inspirierenden Instagram Posts voller ayurvedischer Weisheiten, praktischer Tipps und leckerer Kochkreationen integriert.

Das Shooting für dieses Buch führte Irina mit all ihrem Strahlen durch – trotz Schmerzen und eingeschränkter Beweglichkeit. Es war für sie ein Lichtblick, inmitten von Wochen voller Krankenhausaufenthalte, schlafloser Nächte und Sorgen um die Zukunft ihrer Kinder. Schon während diesem Shooting konnten wir den besonderen Spirit dieses Buches spüren, den die Fotografin Doris Schnorbach und Irina gemeinsam in Fotos einfingen.

Uns standen mehrfach die Tränen in den Augen, denn Irinas Liebe zu dem Thema ayurvedisch-intuitives Kochen konnte man trotz ihrer brenzligen Lage in jedem Foto spüren. Sie war zu 100% präsent in ihrer Liebe und ihrer Schönheit – für alle diejenigen, die dieses Buch einmal in Händen halten werden.

Die Magie dieses Buches ging jedoch noch weiter:

Neun Tage bevor Irina starb, konnten wir ihr ein erstes Exemplar ihres Buches mit ein paar bedruckten Seiten als Überraschung überreichen – ein Moment der großen Freude in ihren letzten Tagen. Und der Start eines wahnsinnig inspirierenden Projektes, welches allen Mitgestaltern und Helfern ständig Pipi in die Augen und Gänsehaut beschert hat. Denn kurze Zeit später begann die GESAMTE Ayurveda Community mit unfassbar viel Liebe von ihrem Buch zu erzählen, sodass wir über ein Crowd Funding mehr Bücher vorverkaufen konnten, als wir dachten. Zusätzlich spendeten sie Goodies und erhöhten damit die Einnahmen, die wir für die Realisation dieses Buches einsetzen konnten (alles, was übrig bleibt, geht an Irinas Kinder). Irinas Geschichte mit dem Buch kam in die Zeitung, es wurde ein Beitrag im Fernsehen darüber ausgestrahlt und daraufhin meldete sich sogar von alleine ein Verlag, der das Buch gerne verlegen wollte. Auch das war ein Wunsch von Irina, der auf wundersame Weise auf einmal wahr wurde.

Auch, wenn Irinas Geschichte augenscheinlich eine traurige ist, ist sie auf eine Weise auch eine hoffnungsspendende. Denn sie brachte in diesem Projekt viele liebe Menschen zusammen, die gemeinsam ihren Traum verwirklichten, und brachte sie dadurch ins Herz. Sie inspiriert mit ihrem Buch über ihr Leben hinaus viele Menschen, gesund und lecker zu kochen und hinterlässt ein Vermächtnis, das ihre aktuell noch kleinen Kinder später mit Stolz und Freude verwenden können. Und auch ihr Ehemann Eugen freut sich bereits, ihren gemeinsamen Kindern wieder Irinas Gerichte zubereiten zu können.

Ein herzliches Danke an alle, die bei diesem Buch mitgewirkt haben und auch danke an alle, die dieses Buch in den Händen halten. Ihr alle habt es mit uns möglich gemacht, Irinas Traum zu verwirklichen!

Wir hoffen, ihr mit diesem Buch genauso eine Freude zu machen, wie dir!

Lasst uns alle gemeinsam Irinas ayurvedische Kochliebe durch das Nachkochen ihrer Rezepte ein bisschen mehr in die Welt tragen.

Carina & Janna

Ich liebe dieses Leben!!!

Ich liebe es mit allen Höhen und Tiefen, mit Bergen und Tälern, mit Freud und Leid, mit Tränen und herzhaftem Lachen! Ich liebe buntes, gesundes Essen. Ich liebe Bewegung an der frischen Luft. Ich liebe die warmen Umarmungen und Liebeserklärungen meiner Kinder! 🖤

Ich liebe es, wenn Menschen sich anlächeln...mich anlächeln. Ich liebe das Gefühl von VORFREUDE! Ich liebe so, so viele Kleinigkeiten JEDEN TAG!

Ich liebe dieses Leben auch und sogar noch mehr mit Krebsdiagnose. Es zeigt mir NOCH MEHR, wie wertvoll und kostbar es ist...es ist ENDLICH! Nothing lasts forever, deswegen lasst es uns genießen – an guten und an schlechten Tagen!!! Alles ist gut wie es ist. Das Leben ist es wert, geliebt zu werden!

Irina Held

Vorwort von Irina

(Hauptsächlich zusammengestellt aus Irinas eigenen Texten und vervollständigt durch Informationen aus persönlichen Gesprächen mit ihr)

Ich bin nicht wirklich gesundheitsbewusst aufgewachsen. Als deutsch-russische Einsiedler hatten meine Eltern, als wir Kinder waren, weitaus andere Dinge zu tun, als sich mit gesunden Brotdosen, frischem Kochen oder Gesundheit im Allgemeinen auseinander zu setzen.

Später als Jugendliche hat das Thema Ernährung eine ziemlich große Rolle in meinem Leben gespielt, jedoch nicht immer war es mit Gesundheit und Leidenschaft verbunden - ganz im Gegenteil. Viele Jahre habe ich versucht, jemand zu sein, der ich nicht bin, konnte und wollte Essen nicht genießen und habe mir selbst geschadet, in dem ich fast nichts aß, meinen Körper nicht nährte oder ehrte.

Es hat mich viele schmerzhafte Erfahrungen und gesundheitliche Einschränkungen gekostet – doch heute koche und esse ich mit Lust und Leidenschaft. Als Ayurveda in mein Leben trat, hat es maßgeblich dazu beigetragen, mein Bewusstsein zu ändern und an mir FÜR meine Gesundheit zu arbeiten. Folglich hat es viele Wunder nach sich gezogen, für die ich unglaublich dankbar bin. Zum Beispiel meine Leidenschaft zum kreativen, gesunden Kochen, die heute einen Großteil meines Alltags ausmacht und mich seit einigen Jahren nicht nur körperlich stärkt, sondern auch emotional nährt.

Obwohl ich seit meinem 15ten Lebensjahr - immer parallel zu Abitur und Studium - in vielen nationalen und internationalen Gastronomie- und Hotelleriebetrieben gearbeitet habe, habe ich das Kochen, Zubereiten und Anrichten von Speisen NIE in Verbindung mit Kreativität gebracht. Heute weiß ich: Kochen mit gegebenen Zutaten (ohne Rezept), einfach nach Gefühl mit einer Portion Liebe, und so, dass das Auge mitisst und alles auch noch der Gesundheit gut tut – hat ausgesprochen viel mit Kreativität zu tun!

Umso mehr liegt es mir am Herzen, euch dieses Kochbuch zum Thema intuitive, gesunde Ernährung für euer (Familien-)Leben mit Ayurveda an die Hand zu geben. Für mich ist dieses Buch ein Vermächtnis – an euch, an meine Kinder und an die Welt.

Ich hätte so gerne in Zukunft mehr mit euch geteilt und somit freue ich mich wirklich sehr, dass wenigstens einige meiner Rezepte und Anregungen in diesem wundervollen Buch verewigt sind.

Mein persönlicher Weg zum Ayurveda

Zum Ayurveda habe ich zum allerersten Mal Anfang 2013 gefunden und ich begann, meine Ernährung von heute auf morgen umzustellen. Unmittelbar erfreute ich mich an ersten spürbaren Erfolgen meiner neuen Essgewohnheiten. Meine jahrelang ausgebliebene Mensis kam innerhalb weniger Wochen zurück, mein nächtliches Schwitzen hörte prompt auf und ich bekam immer mehr Komplimente, eine bessere Ausstrahlung zu haben. Ich nahm etwas zu, fühlte mich wohler und auch mental stabiler.

Wie es der Alltag so wollte, bin ich jedoch immer wieder davon abgekommen, wirklich alles umzusetzen und musste durch kleine und mittelgroße Erkrankungen wieder „zurück geschubst" werden. Nach der Geburt meines zweiten Kindes im Sommer 2017 und der Herausforderung, Säugling und Kleinkind zu haben, ist mein Vata förmlich explodiert und ich bin mit einer schmerzhaften Dickdarmentzündung im Krankenhaus

gelandet. Dies war der finale Wendepunkt in meinem Leben, hin zum stringenten Ayurveda-Lifestyle inklusive ayurvedisch-medizinischer Präparate, denn nur mit dieser Kombi habe ich mein von der Schulmedizin als unheilbar erklärtes Darm-Problem schlussendlich gut in den Griff bekommen. Daraufhin besuchte ich einige Ayurveda-Ausbildungskurse und habe als Leiterin für ayurvedische Babymassage mit ganz viel Freude Kurse für frisch gebackene Mamas gegeben.

Heute kann ich mir ein Leben ohne ayurvedische Morgenroutine, ayurvedisches Kochen/ Essen, die tolle ayurvedische Community auf Instagram, meine diversen Ayurveda-Fortbildungen sowie auch Yoga, Meditation und Spiritualität nicht mehr vorstellen. Ayurveda ist zu einem sehr zentralen Thema in meinem Leben geworden und ich bin unendlich dankbar, heute so gesundheitsbewusst zu leben. Auch, wenn mein Weg nicht immer einfach war und ich

Anfang 2020 die für mich schwerste gesundheitliche Reise angetreten bin, bot und bietet mir Ayurveda immer einen guten Anker und unterstützt mich selbst in diesen schwierigen Zeiten.

Als dreifache Mama habe ich logischerweise jedoch nicht nur Verantwortung für mich. Ich wünsche mir, dass meine Kinder mit Ayurveda aufwachsen und ein Bewusstsein für Nahrung und Lebensmittel sowie deren Qualität haben. Und dafür, was Nahrung mit und für uns macht. Ich möchte, dass sie wissen und erspüren, was, wann, zu welcher Tages- und welcher Jahreszeit gut ist für sie ist und warum das so ist.

Nicht zuletzt möchte ich für meine Kinder, aber auch andere Mütter und Familien ein Vorbild sein bzw. ihnen zeigen, dass neben dem frischen Kochen auch Ausnahmen vollkommen in Ordnung sind. Kinder auch Kinder sein können, aber dennoch den Gesundheitsaspekt nicht aus den Augen verlieren. Und, dass gesundheitsbewusste Küche nicht immer aufwendig sein oder nach festen Rezepten gestaltet werden muss. Einfach, lecker, intuitiv, ayurvedisch – das ist meine Küche.

IRINAS Love Note

Alles, was du für dich tust, tust du auch für andere. Und alles, was du für andere tust, tust du auch für dich!

Intuitiv ayurvedisch kochen

Am liebsten koche ich intuitiv und lasse mich gerne dafür auch mal inspirieren. Ich schaue ab und zu gerne Kochsendungen und in Zeitschriften schaue ich mir grundsätzlich immer zuerst die Rezepte an. Nicht zuletzt hole ich mir natürlich auch Inspirationen in Kochbüchern oder auf Social Media und Food Blogs, welche ähnlich orientiert sind wie ich: ayurvedisch, vegetarisch, vegan, auch mal mit Eiern oder etwas Fisch. Hauptsache gesund und lecker. Am Ende entscheidet, worauf ich/wir gerade Lust haben, wie viel Zeitaufwand es ist und was gerade alles in Kühlschrank und Vorratskammer vorhanden ist bzw. mich anspricht und passend ist.

Durch mein Ayurveda-Wissen und meine sensible Verdauung achte ich auf die verschiedenen Komponenten, die sich auf die Verdaulichkeit auswirken, wie z.B. die Jahreszeiten und Tageszeiten. Ich koche am allerliebsten saisonale und meist leicht verdauliche Küche – und soweit es geht immer frisch und mit hochwertigen biologischen Zutaten. Denn frisch gekochte und mit Liebe zubereitete Mahlzeiten nähren den Körper und halten den Geist klar und aktiv. Eine gute Ernährung ist nämlich eine notwendige Voraussetzung für ganzheitliche Gesundheit, die wir im Ayurveda Svastha nennen. Seit ich weiß, was Vata, Pitta, Kapha auf körperlicher und geistiger Ebene sowie in der Natur bedeuten, weiß ich, was mir wann gut tut. Ich spüre das und passe meine Kochkreationen entsprechend an. Zum Beispiel werden meine Haut, meine Haare, Lippen und co. im Herbst, wenn draußen das Vata zunimmt (kaltes Wetter, Stürme) trockener. Da helfen entsprechende Cremes, Shampoos etc. minimal. Vielmehr versuche ich, über befeuchtende, cremige/ölige und vor allem warme Nahrung, das Trockene von innen heraus auszugleichen.

Ich liebe die saisonale Küche und esse um diese Jahreszeit gerne Currys, Suppen und Eintöpfe aus Kürbis, Süßkartoffeln, Zucchini und anderen erdenden und wärmenden Lebensmitteln. Auch Chutneys aus Zwetschgen, Apfelkompott und Puddings kommen auf den Tisch, sowie Tartes und Aufläufe. Oder wenn mein Vata auf Grund von schlaflosen Nächten wieder einmal zu hoch ist, achte ich daher besonders darauf, warm und erdend zu essen und zu trinken. Um meinen Schlaf generell zu unterstützen, esse ich abends nicht zu spät oder zu üppig. Gerne darf es dann auch einfach nur eine leckere Suppe sein und später noch ein beruhigender Schlaftee mit Gewürzen wie Muskat, Nelke und Kardamom.

Es heißt im Ayurveda nicht umsonst „Let food be your medicine and you don't need any." Wenn ich die Möglichkeit habe, gesundes, frisches und mit Liebe zubereitetes Essen zu genießen, weiß ich, ich kann den Strapazen des Tages und all dem Lärm, Stress und der Hektik besser standhalten. Es ist ein himmelweiter Unterschied zu den Zeiten, als ich oftmals mit nicht mehr als einer Laugenstange und mehreren Milchkaffees durch den Tag ging. Essen hat eine wahnsinnige

Auswirkung auf unsere Psyche (nebst vielen anderen Faktoren). Es kann uns stärken oder schwächen. Gesundheit ist unser kostbarstes Gut! Es ist alles was wir haben, denn ohne diese haben wir nichts, sind wir nichts. Das kann ich aus eigener Erfahrung immer und immer wieder bestätigen.

Also: Pflegt euren Körper und euren Geist mit guten Gedanken und mit gesundem, frischem Essen. Ganz nach dem Motto: Selbstliebe geht durch den Magen.

Ich wünsche euch ganz viel Freude beim Kochen ☺

Eure Irina

IRINAS
Love Note

Manchmal schaue ich mir zwei bis drei unterschiedliche Rezepte an und mache dann meinen eignenen, intuitiven Mix daraus.

Aber am Ende des Tages kommt es — abgesehen von der gesunden Ayurvedakomponente — auch auf die notwendige Portion Liebe, Spontanität und Kreativität an.

Ayurveda Know How

VON LAURA KRÜGER

Ayurveda ist Lebensqualität

Was der Ayurveda unter Lebensqualität versteht

Dieser kleine Abschnitt soll dich ein wenig in die ayurvedische Lehre einführen. Zunächst auf einer theoretischen und dann auf einer ganz praktischen Ebene. Die Praxisnähe wird sich dann in den weiteren Kapiteln noch deutlich zeigen. Zunächst im Bereich der Ayurveda Mythen – du darfst gespannt sein. Danach wirst du im nächsten Kapitel in die wundervolle Ayurveda Ernährung eingeführt. Dann beschäftigen wir uns mit dem intuitiven Kochen und schauen auch auf Lebensmittel und welche Einflüsse sie auf deine Verdauung haben. Aber Ayurveda hat, wie du lernen wirst, nicht nur etwas mit Ernährung zu tun – bei weitem nicht. Auch Einstellungen, Mindset und Gedanken lassen Taten folgen und spielen daher eine bedeutende Rolle, welcher wir uns ebenfalls widmen werden. Das Abschlusskapitel des ersten Teils bereitet dich ideal auf den Spaß beim Kochen vor und enthält praktische Küchentipps.

In den Charaka Samhita, einer der alten Schriften des Ayurveda, wurde Gesundheit bereits durch ganzheitliche Parameter beschrieben. Gesundheit bedeutet demnach unter anderem, dass die Physiologie im Gleichgewicht ist, also dass unsere körperlichen Funktionen für uns arbeiten und keine Dysbalancen vorherrschen. Genauso relevant wie die körperliche Gesundheit, ist gemäß Ayurveda aber auch die Gesundheit von Geist, Seele und Sinnen. Hier geht Ayurveda sogar noch einen Schritt weiter und misst Gesundheit an dem Glücklichsein von unserem Geist, unserer Seele und unseren Sinnen. Diese Definition von Gesundheit zeigt bereits den ganzheitlichen Ansatz und die Relevanz der Lebensqualität von diesem wundervoll einfachen und zugleich komplexen Medizinsystem.

Ayurveda bietet ein riesiges Buffet an Möglichkeiten, um die eigene Lebensqualität zu steigern. Von diesem Buffet dürfen wir uns je nach Konstitution, aktueller Lebensphase, Jahreszeiten, dem weiblichen Zyklus, Tageszeiten und der momentanen Situation bedienen und uns zu einer ganzheitlichen Balance verhelfen. Das heißt im Umkehrschluss auch, dass du dir immer die Angebote aus der ayurvedischen Vielfalt aussuchen darfst, die gerade individuell zu DIR passen. Es ist nie ein Muss, alles, was der Ayurveda anbietet, umzusetzen oder sich dadurch gar unter Druck zu setzen. Stell dir Ayurveda als die Lebensphilosophie vor, die auf der Autobahn des Lebens die Leitplanken darstellt. Wie du allerdings das Auto fährst, entscheidest du – idealerweise so, dass du dich damit wohl, sicher und gesund fühlst.

IRINAS Love Note

Im Ayurveda geht es vor allem um eins: das zu tun und zu essen, was dir richtig gut tut!

Auf in die Praxis

Wie steigern wir unsere Lebensqualität durch Ayurveda konkret? Ayurveda kann in acht Säulen der Therapie aufgeteilt werden:

- Lebensstil (Vihara)
- Ernährung (Ahrara)
- Pflanzenheilkunde (Aushadha)
- Ausleitungsverfahren (Antahparimarjana)
- Manualtherapie (Bahihparimarjana)
- Chirurgie (Shastrapranidhana)
- ayurvedische Psychologie (Sattvavajaya)
- subtile Therapie (Daivavyapashraya)

Jeder dieser Therapiebereiche enthält zahlreiche wertvolle Informationen. Für den Alltag und im präventiven Sinne sind vor allem die Bereiche der Ernährung und des Lebensstils von Bedeutung. Daher schauen wir uns genau diese beiden im Folgenden etwas detaillierter an.

Kleiner Exkurs in die Lehre der Doshas

Vata, Pitta und Kapha sind die drei Bioenergien des Lebens, auf Sanskrit „Doshas". Sie herrschen im Universum, in der Natur sowie auch in uns Lebewesen vor und spielen in jedem ihr eigenes Wechselspiel. Vata reguliert die Elemente Äther und Luft, Pitta das Feuer und Kapha Wasser und Erde. Jeder hat all diese Elemente in sich und genau wie es nur drei Grundfarben gibt und sich daraus Millionen verschiedene Farben zusammensetzen, so hat jeder seine einzigartige Ausprägung dieser drei Bioenergien. Und das ist auch gut so! Da gibt es den kreativen Luftikus, den temperamentvollen Macher, den liebevollen Gemütlichen und noch ganz viele andere, die irgendwo dazwischen liegen. Jeder bekommt immer genau die körperlichen und geistigen Voraussetzungen für das, was man im Leben am liebsten tun möchte. Durch die Gene bekommt man schon bei der Zeugung seine eigene individuelle Dosha-Grundkonstitution, die ein wenig vom Lebensstil der Mutter während der Schwangerschaft abhängt, gemischt mit den Jahreszeiten während der man gemütlich im Bauch heran reift plus eine Portion Karma. Wenn man seine eigene Grundkonstitution richtig gut kennt, kann man am allerbesten im Einklang mit der Natur leben und hat die beste Basis für ein gesundes und zufriedenes Leben.

PS: In diesem Buch gehen wir extra nicht viel auf die Doshas ein, weil Irina sich wünschte, dass du intuitiv ayurvedisch experimentierst anstatt verkopft nach Listen zu kochen.

Drei Ideen, um deine Lebensqualität zu steigern

Die Dosha-Uhr ist im Ayurveda ein hervorragendes Tool, um die Tageszeiten für dich zu nutzen, voll in deine Energie zu kommen und deine Lebensqualität zu steigern. Dafür musst du nicht vor sechs Uhr aufstehen, wie es gerne vermittelt wird, und genau dazu kommen wir im nächsten Kapitel beim Thema Mythen noch.

Wenn wir uns die Dosha-Uhr vereinfacht vor Augen führen, wirken im Laufe unseres Tages folgende Energien zu folgenden Zeiten:

- 6 bis 10 Uhr & 18 bis 22 Uhr = Kapha
- 10 bis 14 Uhr und 22 bis 2 Uhr = Pitta
- 14 bis 18 Uhr und 2 bis 6 Uhr = Vata

Diese Ansicht bezieht das Tageslicht im Verlaufe der Jahreszeiten und auch die Zeitumstellung nicht mit ein. Für ein erstes, vereinfachtes Verständnis hält diese Einteilung allerdings schon zahlreiche Potenziale für dich bereit. Es geht vielmehr darum, die Energien der verschiedenen Tageszeiten zu spüren. Halte dich also nicht an den Zeiten fest, sie dienen als Orientierung für die folgenden drei Ideen.

Idee 1

Versuche morgens ein wenig Zeit für dich einzuplanen. Je nachdem wie dein Tag aussieht, sind das vielleicht nur 10 Minuten, eventuell kannst du dir morgens auch direkt eine ganze Stunde Zeit nehmen. Je nach deiner individuellen Zeitplanung, wähle eine Morgenroutine, die zu dir

und deinem Alltag passt. Wenn du etwas mehr Erdung brauchst (wie zum Beispiel als Vata- oder Pitta-Konstitution) kannst du hier wunderbar meditieren oder eine erdende Yogaeinheit praktizieren. Wenn du etwas mehr in die Energie kommen möchtest (wie es bei Kapha der Fall sein kann) ist hier ein schweißtreibender Sport vielleicht genau das Richtige für dich.

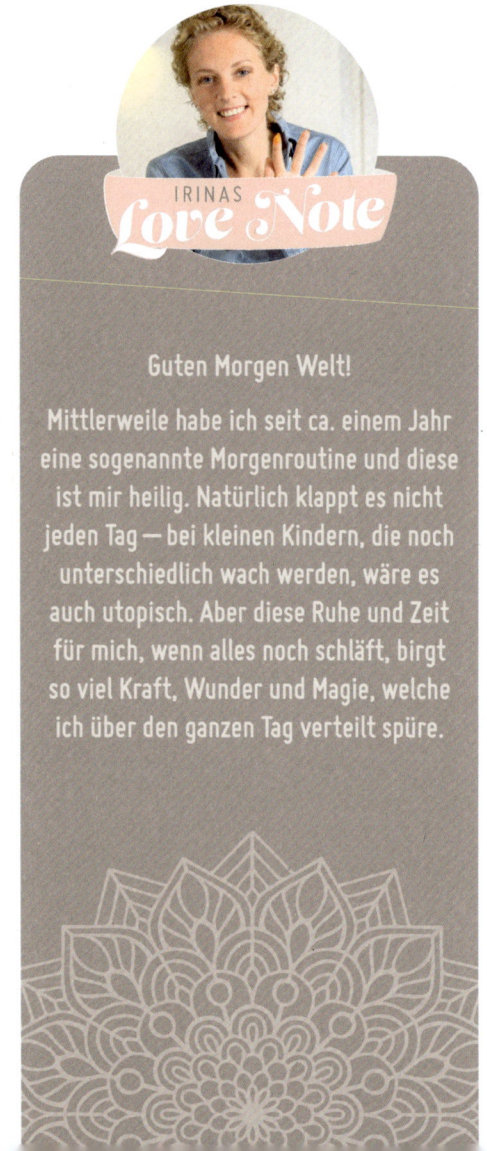

IRINAS
Love Note

Guten Morgen Welt!

Mittlerweile habe ich seit ca. einem Jahr eine sogenannte Morgenroutine und diese ist mir heilig. Natürlich klappt es nicht jeden Tag — bei kleinen Kindern, die noch unterschiedlich wach werden, wäre es auch utopisch. Aber diese Ruhe und Zeit für mich, wenn alles noch schläft, birgt so viel Kraft, Wunder und Magie, welche ich über den ganzen Tag verteilt spüre.

Idee 2

Die Kapha-Energie am Morgen verhilft uns hier in der Regel dazu, dass wir uns gut strukturieren können und Aufgaben mit einer hohen Konzentration abarbeiten können. Nutze diese Zeit genau hierfür, um bis zum Mittagessen schon das Gefühl zu bekommen, dass du einen wundervollen Tag hattest und zufrieden mit dir bist. Hierbei unterstützt dich die Kapha-Energie ideal. Im Übrigen heißt dies aber nicht, dass ein unproduktiver Tag nicht sein darf, oder du dich dann nicht gut fühlen solltest – dies brauchen wir genauso wie unsere produktiven Zeiten, um glücklich zu sein. Genauso kannst du die Vata-Zeit am Nachmittag für eine kreative Tätigkeit nutzen. Plane hier für deine Arbeit Brainstormings, Meetings, die eine kreative Lösung erfordern oder nimm dir Zeit für zeichnen, singen, tanzen oder eine andere kreative Tätigkeit, die du liebst.

Idee 3

Wenn du schon ein paar Nächte in deinem Leben hattest, die von Aufwachen und Unruhe geprägt waren (oder du kleine Kinder hast), wirst du mir zustimmen, dass eine gute Nacht wahnsinnig viel zu einer hohen Lebensqualität beitragen kann. Daher widmen wir uns in den nächsten Zeilen genau diesem Thema. Denn ein gesunder Schlaf beginnt schon am Morgen. Idealerweise planst du immer regelmäßige Aufsteh- sowie Einschlafzeiten, dies kann nachweislich deine Schlafqualität steigern und ist ein sehr ayurvedischer Ansatz. Unser Schlaf-Wach-Rhythmus wird maßgeblich von zwei Hormonen gesteuert: Melatonin und Cortisol. Cortisol ist dafür zuständig, dass du morgens wach wirst. Daher ist der Cortisolspiegel am Morgen am höchsten und nimmt über den Tag verteilt ab. Melatonin ist das Hormon, welches dich abends in den Schlaf bringt. Du hast sicher schon einmal gehört, dass Blaulicht abends den Schlaf stören kann. Dies ist der Fall, da es Melatonin unterdrückt. Generell ist es sinnvoll, abends das Licht zu dimmen und so den Schlaf zu fördern. Die ideale Einschlaf- und Aufwachzeit variiert im Ayurveda je nach Konstitution. Vata kann konstitutionell gesehen am meisten schlafen und Kapha am wenigsten, Pitta liegt im mittleren Bereich. Weniger als sieben Stunden sollte niemand schlafen.

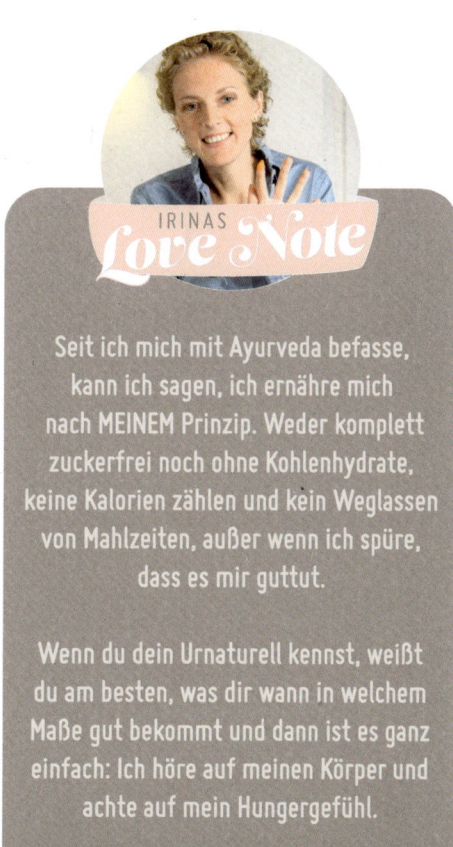

IRINAS Love Note

Seit ich mich mit Ayurveda befasse, kann ich sagen, ich ernähre mich nach MEINEM Prinzip. Weder komplett zuckerfrei noch ohne Kohlenhydrate, keine Kalorien zählen und kein Weglassen von Mahlzeiten, außer wenn ich spüre, dass es mir guttut.

Wenn du dein Urnaturell kennst, weißt du am besten, was dir wann in welchem Maße gut bekommt und dann ist es ganz einfach: Ich höre auf meinen Körper und achte auf mein Hungergefühl.

Nahrung als zentraler Baustein für mehr Lebensqualität

Erinnere dich an das letzte Mal, als du ein Schnitzel mit Pommes gegessen hast oder eine Tüte Chips oder eine Pizza mit viel und sehr fettigem Belag. Und jetzt erinnere dich mal daran, wie du dich danach gefühlt hast. Stell dir nun mal das Gefühl nach einem Essen mit leckerem Gemüse, einem wundervollen Tahin Dressing, einem würzigen Dal-Gericht und einem Kräuter-Quinoa vor. Wann hast du mehr Energie?

Wenn du diese ersten Mahlzeiten von Zeit zu Zeit zu dir nimmst, kannst du sie natürlich ohne den Funken eines schlechten Gewissens essen und einfach nur genießen. Denn im Ayurveda ist nichts verboten, wir unterscheiden nicht in gesund oder ungesund und es gibt im modernen Ayurveda keine strengen Dogmen. Allerdings beschäftigen wir uns viel mit den Gefühlen und mit der Energie nach dem Essen. Du wirst mir wahrscheinlich zustimmen, dass diese nach der zweiten Option ein wenig besser abschneiden und das ist auch der Grund, warum Ernährung so einen großen Stellenwert im Ayurveda einnimmt.

Mit etwas, was wir ohnehin jeden Tag tun dürfen (Essen), können wir unsere Gesundheit, unsere Gefühle und unsere Energie maßgeblich beeinflussen. Worauf wartest du also noch? Du kannst sofort loslegen!

Was Ayurveda so besonders macht

Ayurveda ist keine Diät, kann nicht auf die Yogapraxis oder das morgendliche Zungeschaben reduziert werden. Ayurveda ist eine Lebensphilosophie, welche uns in jeder Lage unterstützen kann. Wir alle erleben Schicksalsschläge, Traumata oder Krankheiten. Ayurveda kann uns in dieser Zeit Kraft schenken. Durch eine achtsamere Weise mit dem Leben umzugehen. Durch die Unterstützung unserer Verdauung, die Einfluss auf unsere Stimmung hat. Durch den Fokus auf die Individualität des Einzelnen. Durch die Liebe, die dieses System für die Menschen bereithält. Und durch das Bewusstsein für unser Jetzt.

Ayurveda Mythen

VON NADINE WEBERING

Ayurveda ohne Dogmen

Wir leben in einer Welt voller Dogmen, so sind wir groß geworden und darum sind wir es gewohnt, die Welt immer schwarz oder weiß zu sehen. Und das passiert leider auch viel zu oft im Ayurveda. Dieser ist eigentlich aus sich heraus eine völlig undogmatische Lebensphilosophie, aber mit unserer westlichen Brille neigen wir dazu, aus vielen Empfehlungen des Ayurveda ein Dogma zu machen. Das liegt oft auch daran, dass wir vergessen, diese uralte Weisheit in unsere heutige Zeit zu übersetzen.

Darum möchte ich mir mit dir hier mal ein paar der größten Mythen und Missverständnisse des Ayurveda anschauen.

Mythos 1:

Wenn man ayurvedisch lebt, darf man nur noch indisch essen!

Der Ayurveda hat seine Wurzel in Indien und daher liegt es natürlich nahe, dass viele wunderbare Rezepte in ayurvedischen Kochbüchern aus Indien stammen. Dabei ist eigentlich genau das Gegenteil der Fall. Der Ayurveda sagt, wir sollen uns möglichst regional ernähren, da in unserem nahen Umfeld genau das wächst und gedeiht, was uns nährt. Die Natur stellt uns immer genau das bereit, was uns gerade gut tut. Ein Gemüseeintopf aus Butterrüben, Grünkohl und Topinambur tut uns also viel besser als ein Curry mit Okra, Kichererbsen und Kokosnuss. Außerdem ist das Essen, das wir aus unserem liebsten indischen Restaurant kennen, gar nicht so ayurvedisch, wie wir denken. Oft ist es viel zu scharf und es finden sich darin auch Lebensmittelkombinationen, die aus ayurvedischer Sicht nicht wirklich optimal sind.

Mythos 2:

Man darf nur dreimal am Tag essen!

Das ist ein Mythos, auf den ich immer wieder stoße und welcher der individuellen Betrachtung des Ayurveda vollständig widerspricht. Der Ayurveda sieht uns alle als ganz individuell und jeder Typ braucht etwas ganz anderes. Während Menschen mit viel Pitta im System ein sehr starkes Agni haben und ihre Mahlzeiten sozusagen sofort verbrennen, haben Menschen mit einer Vata-Konstitution oder einem entsprechenden Ungleichgewicht ein sehr instabiles Agni und können mal gut verdauen und mal auch nicht. Diese beiden Typen brauchen häufig Zwischenmahlzeiten, um ausreichend genährt zu sein.

Ein Mensch mit einem Kapha-Stoffwechsel dagegen kann gut auch mal nur mit zwei Mahlzeiten auskommen. Man sieht also, es sollte immer ganz individuell betrachtet werden, wie viele Mahlzeiten man zu sich nimmt. Als bester Indikator zählt hier für mich der Hunger. Körperlicher Hunger ist das Signal unseres Verdauungsfeuers, dass es bereit ist, Nahrung zu verdauen.

Spürst du also körperlichen Hunger, solltest du auch essen, egal wie viel Zeit seit der letzten Mahlzeit vergangen ist. Isst du nicht, wenn du Hunger hast, verbrennt sich dein Agni sozusagen selbst und das kann langfristig zu Problemen führen.

Mythos 3:

Man muss jede Mahlzeit frisch zubereiten!

Die Empfehlung, immer frisch zu kochen, stammt tatsächlich aus den alten ayurvedischen Schriften. Aber was ist der Grund dafür? Wir gehen davon aus, dass sich Prana, also Lebensenergie, nicht nur in uns, sondern auch in allen Lebensmitteln befindet. Je reifer und frischer ein Lebensmittel ist, desto mehr Prana enthält es und desto mehr wird es uns nähren. Verwenden wir ausschließlich tiefgefrorene Lebensmittel oder wärmen unsere Mahlzeiten mehrfach auf, enthalten sie also weniger nährende Energie. Trotzdem finde ich eine aufgewärmte, zuvor mit Liebe und aus frischen Zutaten gekochte Mahlzeit immer noch besser als Essen aus der Kantine, von dem ich gar nicht weiß, was darin ist.

Wir leben nun einmal nicht mehr in einer Zeit, in der die Mutter den ganzen Tag am Herd stehen kann und für die Familie drei warme Mahlzeiten zubereiten kann, so wie es zur Zeit der Entstehung der ayurvedischen Schriften war.

Daher meine Devise: besser aufwärmen als Fertigprodukte. Wenn du also frisch kochen kannst, wunderbar. Wenn nicht, ist es völlig okay, einfach vorzukochen und dir dein Essen in einem Thermobehälter mitzunehmen oder auf der Arbeit warm zu machen.

Mythos 4:

Man muss sein Dosha kennen, um ayurvedisch zu leben!

Dazu gibt es von meiner Seite ein ganz klares Nein. Die Doshas sind ein ganz wunderbares Erklärungsmodell, um die spezifischen Eigenschaften und Qualitäten, die ein Mensch hat, zu verstehen und einzuordnen. Wird man hier aber zu dogmatisch, kommt man ganz schnell ins Schleudern. Denn es sind immer alle drei Doshas in uns vorhanden, nur eben in einer ganz individuellen Zusammensetzung. Das heißt also auch, dass du Eigenschaften und Qualitäten aller Doshas in dir finden kannst. Und hinzu kommt noch, dass die Doshas in uns immer auch dem Einfluss der Doshas in unserer Umwelt und unseren Lebensphasen ausgesetzt sind. Diese finden sich in den Jahreszeiten, den Tageszeiten, den Lebensabschnitten und sogar im weiblichen Zyklus. Es wirkt also immer eine Menge von außen auf uns ein und das bringt viel Veränderung mit sich.

Viel wichtiger finde ich es, über das Dosha-Konzept wieder mehr Gefühl für dich selbst zu bekommen. Wenn du lernst zu verstehen, ob gerade die Feuer-Energie hoch ist, oder zu viel Luft- oder Erd-Energie da ist, also die Sprache deiner inneren Weisheit wieder zu verstehen, weißt du immer genau, was du brauchst. Und das ganz ohne zu wissen, um welches Dosha es sich handelt.

Relevant werden die Doshas tatsächlich erst in der Therapie bereits bestehender Erkrankungen. Dann allerdings wird es so komplex, dass man einen Ayurveda-Experten zu Rate ziehen sollte.

Mythos 5:

Man sollte sich am besten nach Lebensmittellisten entsprechend seines Doshas ernähren!

Lebensmittellisten, auf denen die Lebensmittel entsprechend ihrer Wirkung auf die Doshas, also erhöhend oder reduzierend eingeteilt werden, findest du heutzutage überall frei zugänglich im Internet. Und auch viele ayurvedisch tätige Kollegen versorgen ihre Patienten und Klienten großzügig mit solchen Listen. Das führt dazu, dass manche Menschen ihre Ernährung vollständig umkrempeln und einige Lebensmittel gar nicht mehr essen oder andere völlig überbetonen. In einer ausgewogenen Mahlzeit sollten aber immer alle sechs Geschmacksrichtungen vorhanden sein. Die Geschmacksrichtungen setzen sich aus den Elementen zusammen und alle Gewebe brauchen unterschiedliche Elemente, um vollständig genährt zu werden. Lässt du also plötzlich eine spezielle Geschmacksrichtung weg, kannst du ganz rasch in einen Mangel kommen. Und dann sollte man hier auch noch unterscheiden, ob man über ein Dosha-Ungleichgewicht oder über die Geburtskonstitution spricht. Geht es um eben diese, sollten Lebensmittellisten tabu sein, denn in Balance brauchen wir die Ausgewogenheit. Hier ist es viel wichtiger, auf saisonale Ernährung zu achten, denn die Natur stellt immer genau das bereit, was wir für die entsprechende Jahreszeit brauchen. Reden wir über ein Ungleichgewicht, kann es sein, dass man mal versuchsweise auf spezielle Lebensmittel verzichtet, bzw. andere integriert, die im Speiseplan fehlen. Das sollte man aber immer gemeinsam mit einem Ayurveda-Experten machen, der sich das Ungleichgewicht mit seinen Qualitäten

Gesundheit bedeutet für mich:

Von innen strahlen, sich fit und vital fühlen, voller Energie, starkes Immunsystem und ein gesundes Magen-Darm-System, Lust am Leben, voller Freude an jedem Tag und seine Träume leben.

PS: Forgive yourself for not knowing better until you knew better.

genau anschaut und weiß, welche Wirkung die einzelnen Lebensmittel haben. So gilt zum Beispiel die Kokosnuss als kühlend, ist aber bei einem Vata-Ungleichgewicht manchmal trotzdem gut, da sie sehr nährend wirkt. Kartoffeln dagegen kommen aus der Erde und haben somit eine erdende Wirkung auf den Körper. Damit sollten sie ja eigentlich gut bei zu viel Vata sein. Allerdings wirken sie auch trocknend. Und wenn es vor allem die trockene Qualität von Vata ist, die dir Probleme bereitet, solltest du sie eher reduzieren. Und das sind nur zwei Beispiele von vielen.

Aber das soll dir jetzt keine Sorgen machen, sondern im Gegenteil, zeigen, dass du dich ruhig an alle Lebensmittel trauen kannst, wenn dein Körper dir signalisiert, dass er sie verträgt.

Bekommst du nach speziellen Lebensmitteln regelmäßig Verdauungsprobleme, Blähungen oder Sodbrennen, signalisiert dein Körper ganz klar, dass sie aktuell nichts für dich sind. Und nicht zuletzt dürfen wir uns auch klar machen, dass wir die einzelnen Lebensmittel ja ganz selten einzeln verzehren. Wir kombinieren sie immer mit anderen in unseren Gerichten und zudem auch mit Gewürzen. Und wenn du hier wieder auf alle sechs Geschmacksrichtungen achtest, gleichen sich die Qualitäten oft ganz natürlich aus.

Mythos 6:

Im Ayurveda muss man immer vor sechs Uhr aufstehen!

Das ist ein Mythos, der sich aufgrund der sogenannten Dosha-Uhr entwickelt hat. Wie ich zuvor schon erwähnt habe, finden sich die Doshas auch in den Tageszeiten. Laut Dosha-Uhr herrscht hier bei uns im Westen bis ca. sechs Uhr Vata vor. Nach sechs Uhr übernimmt dann die Energie von Kapha. Stehen wir in der Vata-Zeit auf, hilft uns die bewegte Energie von Vata leicht und schwungvoll in den Tag zu starten. Schlafen wir aber bis zur Kapha-Zeit, kann es uns die schwere, träge Energie von Kapha schwer machen, aus dem Bett zu kommen. Und diese begleitet uns dann oft den ganzen Tag. So weit, so logisch. Stellt sich dann aber die Frage, was eigentlich mit der Zeitumstellung ist. Tickt die Dosha-Uhr auf Sommer- oder Winterzeit? Das weiß keiner so genau.

Ich finde es viel wichtiger und sinnvoller, sich nach dem zu richten, was in der Natur gerade vorherrscht und offensichtlich ist und nicht starr an einer Uhrzeit festzuhalten. In der zweiten Nachthälfte herrscht Vata vor und wird dann von Kapha abgelöst. Dabei steigt die Energie von Kapha immer weiter an, bis sie die Energie von Vata übersteigt. Dies ist der Zeitpunkt, an dem die Sonne aufgeht. Wollen wir also vor Beginn der Kapha-Zeit aufstehen, ist es viel sinnvoller, vor dem Sonnenaufgang aufzustehen. Und der kann in der Winterzeit ja tatsächlich auch mal erst um 7:30 Uhr sein.

Die Doshas ganz undogmatisch leben

Bei all den Mythen und Dogmen stellt sich nun die Frage, wie es gelingt, die Doshas undogmatisch zu leben. Meine Antwort darauf ist immer: Es darf leicht sein. Wann immer du etwas als schwierig empfindest oder einen Widerstand in dir wahrnimmst, wird dein Gehirn dich ganz automatisch dazu bringen, von deinem Vorhaben Abstand zu nehmen. Denn es versucht immer, dich den Weg des geringsten Widerstandes gehen zu lassen. Nicht weil es faul ist, sondern weil es Energie sparen möchte, Energie, die du für dein Leben in Balance brauchst. Versuche also zu allererst mit einem sogenannten Anfängergeist zu starten. Im Zen-Buddhismus gibt es dafür einen Begriff: Shoshin. Shoshin beutetet, mit einer Haltung der Offenheit, des Eifers und ohne Vorurteile an eine neue Sache heranzugehen. So erhältst du dir die Begeisterung und Leichtigkeit.

Und dann füttere deinen Anfängergeist mit Informationen, ohne den Anspruch, sie alle perfekt umsetzen zu müssen. Alle nötigen Informationen über die Doshas zu haben hilft dir dabei, die Sprache deines Körpers zu übersetzen. Du lernst, seine Signale zu interpretieren und hast das nötige Wissen, auf sie zu reagieren. Nimmst du zum Beispiel eine innere Unruhe und Getriebenheit wahr, weißt du, dass das Luft-Element, also das Vata-Dosha, in dir gerade erhöht ist. Und mit dem Wissen, dass sich Gegenteile ausgleichen, kannst du dir überlegen, was die Luft in dir reduzieren würde. Dafür musst du dich dann nicht ganz dogmatisch

an ayurvedische Empfehlungen halten, die sich vielleicht für dich persönlich gar nicht gut anfühlen. Finde etwas, was dir ganz persönlich ein Gefühl von Erdung schenkt. Der Ayurveda ist eine Einladung, dich selbst in allen deinen Facetten wieder kennen zu lernen und zu verstehen, was du brauchst, an jedem Tag deines Lebens und in jeder Situation. Wenn du das für dich verstanden hast, wird es dir leicht fallen, ganz undogmatisch das Wissen über die Doshas in dein Leben zu integrieren, anstatt jeden Tag Lebensmittellisten zu wälzen und exotische Kräuter und Gewürze zu kaufen.

Ayurvedische Ernährung

VON KATHARINA DÖRICHT

Grundlagen der ayurvedischen Ernährung

Die Ernährung spielt im Ayurveda eine sehr große Rolle. Das, was wir jeden Tag essen, hat eine Auswirkung auf unser tägliches Wohlbefinden und die Entstehung von Gesundheit oder im Umkehrschluss von Krankheiten. Daher lohnt es sich, auf die tägliche Ernährung zu achten und den Körper mit den Speisen zu nähren, die ihm auch wirklich guttun. Die Ernährung hat nicht nur Auswirkungen auf den körperlichen, sondern auch auf den geistigen Zustand. Da der Mensch ein Produkt aus der Natur ist, braucht er auch die Natur, um in das individuelle Gleichgewicht zu kommen. So wird im Ayurveda in erster Linie eine naturbelassene Ernährung empfohlen.

In der westlichen Sichtweise werden Nahrungsmittel hauptsächlich in Makro- und Mikronährstoffe eingeteilt. Im Ayurveda hingegen wird die Nahrung vor allem nach Eigenschaften, ihrer Thermik und den Geschmacksrichtungen betrachtet. Und: allem voran geht immer die Verdauung, denn der Ayurveda passt jeden Ernährungsplan genau an den Verdauungsmotor sowie das körperliche und mentale Urnaturell des Einzelnen an. Das ist übrigens auch der Grund, weshalb Ayurveda jedem einzelnen so guttut und das unterscheidet den ayurvedischen Ansatz maßgeblich von einer pauschalisierten Diät.

IRINAS
Love Note

„Wie schaffst du es mit zwei kleinen Kindern so zu kochen?" ...werde ich häufig gefragt. Tja, ich denke es hängt im Wesentlichen damit zusammen, dass ich super gerne gesund und ausgewogen koche. Denn oft sieht es aufwendiger aus, als es eigentlich ist.

Die wichtigsten Grundlagen

Gegensätze gleichen sich aus

Der Satz „Gegensätze gleichen sich aus und Gleiches verstärkt Gleiches" gehört zu den allerwichtigsten Grundgedanken des Ayurveda. Im Ayurveda wird eine konstitutionsgerechte Ernährung empfohlen.
Dazu gehört, dass nicht jedem Menschen das gleiche Essen gleich gut bekommt. Eine Person, die von Natur aus viel Vata und

somit viel Kälte in sich trägt, wird mit einem hohen Rohkostanteil und kalten Getränken nicht gut klarkommen, da diese Dinge das Vata im Körper nur noch mehr verstärken würden. Hier wird mit dem Gegensätzlichen gearbeitet, um das Vata nicht noch mehr zu provozieren, weshalb mehr warme und gekochte Speisen empfohlen werden. Jemand mit einem hohen Pitta-Anteil und viel Hitze im Körper kommt mit einem gewissen Rohkostanteil in der Ernährung wahrscheinlich sogar sehr gut zurecht. Wichtig ist hier auch zu beachten, dass die Natur mit ihren Jahreszeiten einen Einfluss auf unser Wohlbefinden hat. So sollten vor allem im Herbst und Winter mehr wärmende Gerichte mit Wurzelgemüse, wie z.B. Kartoffeln, Kürbis (Irina liiiiebt Kürbis!) oder Pastinaken serviert werden, um der Kälte entgegenzuwirken und in den wärmeren Monaten dürfen dann gerne auch mehr kühlende Speisen auf dem Teller landen.

Warm und regelmäßig

Das warme und gekochte Essen ist im Ayurveda sehr beliebt. Und dafür gibt es auch gute Gründe! Warme und gekochte Speisen sind sehr viel leichter verdaulich, als kalte und rohe Speisen. Die Nahrung kann so besser aufgespalten und verwertet werden. Regelmäßige Mahlzeiten stärken die Verdauung und beugen Heißhunger vor. Am besten ist es, erst dann wieder zu essen, wenn die vorangegangene Mahlzeit verdaut ist und physischer Hunger (nicht zu verwechseln mit Heißhunger oder purem Appetit) da ist.

Frisch und saisonal

Frisch gekochte und selbst zubereitete Mahlzeiten sind das Beste für den Körper und den Geist. Sie enthalten die meiste Lebensenergie (Prana). Vor allem, wenn sie auch noch mit Liebe zubereitet wurden, schmeckt das Essen besonders gut. Natürlich kann man auch mal etwas vorkochen, um gut vorbereitet zu sein und um eine gesunde Ernährung in den oftmals stressigen Alltag zu integrieren. Achte jedoch darauf, immer wieder auch frisch zu kochen.

Bei der Auswahl der Lebensmittel spielt die jeweilige Saison eine große Rolle. Laut dem Ayurveda sind die Nahrungsmittel, die in einer bestimmten Jahreszeit um uns herum wachsen, das Beste für den Körper.

Hier lautet mein Tipp: Lege dir einen Saisonkalender zu, sodass du immer darüber informiert bist, welche Obst- und Gemüsesorten gerade Saison haben.

Pflanzlich orientiert

Ayurveda ist grundsätzlich kein Medizinsystem, das eine strikte Ernährungsform für alle empfiehlt. Es wird jedoch eine überwiegend vegetarische Ernährung empfohlen. Das liegt vor allem daran, dass wir im Ayurveda wissen, dass Emotionen auch über die Nahrung transportiert werden können. So sind die Emotionen, wie Angst, die das Tier beim Schlachten hatte, im Fleisch gespeichert.

Alles ist Energie und so ist auch die Nahrung, die wir zu uns nehmen, Energie. In Zeiten von Massentierhaltung ist es daher sehr empfehlenswert, eine überwiegend pflanzliche Ernährung anzustreben. Gleichzeitig sind tierische Produkte und vor allem Fleisch sehr schwer verdaulich, was das Verdauungsfeuer (Agni) eher schwächt.

Individuell

Es gibt so viele Ernährungsformen wie es Menschen gibt und das wissen wir auch im Ayurveda. Da jeder Mensch von Natur aus eine individuelle Konstitution mit sich bringt, tut auch jedem Menschen etwas anderes gut. Im Ayurveda heißt es nämlich nicht nur „du bist, was du isst", sondern vor allem „du bist, was du verdaust". Wenn bestimmte Lebensmittel zwar per se als gesund angesehen werden, du sie aber einfach nicht gut verdauen kannst, dann ist das in dem Moment auch nicht das Beste für dich. Beachte bei der Nahrungsauswahl daher immer deine persönlichen Vorlieben, die Verträglichkeit und wie gut du es verdauen kannst.

IRINAS
Love Note

Warmes Wasser am Morgen –
das ist mir mittlerweile heilig.
Es gehört zu meiner Morgenroutine wie
das Zähneputzen. Es regt Verdauung und
Stoffwechsel an und unterstützt den
Körper beim Reinigungsprozess.
Zwei großen Tassen im Sitzen trinken!

Verdauung als zentraler Faktor

Das Agni (Verdauungsfeuer) ist das Zentrum der Lebensenergie und somit auch der Gesundheit, denn es steuert die körperliche und auch die mentale Gesundheit. Außerdem ist es für den gesamten Stoffwechsel, sowie den Verdauungs- und Ausscheidungsprozess verantwortlich. Aus diesem Grund nimmt das Agni im Ayurveda so einen großen Stellenwert ein.
Auch in der westlichen Welt wird man sich über die Wichtigkeit des Darms immer mehr bewusst. So wissen wir mittlerweile, dass ca. 70% des Immunsystems seinen Sitz im Darm hat, dort ein Großteil unserer Glückshormone gebildet werden und sehr viele Erkrankungen ihren Ursprung im Darm haben. Über die Ernährung, und generell den Lebensstil, wird die Darmflora maßgeblich beeinflusst.

Unsere Verdauung aus ayurvedischer Sicht

Agni (im Sinne von Jatharagni, dem Hauptverdauungsfeuer in unserem Magen-Darm-Trakt):

Das Jatharagni ist verantwortlich für die Aufnahme und die Resorption der Nahrung, die wir zu uns nehmen. Zusätzlich ist es noch für die Ausscheidung von Abfallprodukten, die auch Mala genannt werden, verantwortlich. Damit ein Mensch gesund und voller Energie ist, ist es wichtig, dass das Jatharagni im Gleichgewicht ist. Ist es im Gleichgewicht, so sprechen wir von dem Samagni. Das bedeutet vor allem, dass das Agni zu den drei Hauptmahlzeiten gut brennt, die Nahrung gut aufgenommen und resorbiert wird und dann in Körpergewebe und Energie umgewandelt werden kann.

Es kann jedoch sein, dass es zu einem Ungleichgewicht von Agni kommt. Es gibt drei verschiedene Ungleichgewichte des Agnis:

Mandagni: zu schwaches Agni durch zu viel Kapha (wenig Hunger, klebriger Stuhl, Neigung zu Verstopfung, Völlegefühl)

Tikshnagni: zu starkes Agni durch zu viel Pitta (Sodbrennen, Durchfall, ständig Hunger)

Vishmagni: wechselhaftes Agni durch zu viel Vata (mal viel Hunger, mal wenig Hunger, Blähungen, Verstopfung und Durchfall im Wechsel)

Der Zustand des Agnis ist nichts Statisches. Vielmehr können wir ihn durch die Ernährung und unseren Lebensstil stark beeinflussen, sodass wir mehr Wohlbefinden und Gesundheit erlangen.

Ernährung und Stress sind zwei Komponenten, die die größte Auswirkung auf die Darmgesundheit und somit auf das Agni haben. Die Verdauung beginnt mit der ersten Kontaktaufnahme der Nahrung im Mund. Von hier geht der Speisebrei weiter durch die Speiseröhre in den Magen, Dünndarm und Dickdarm. So wird schnell klar, dass durch die Ernährung die Verdauung beeinflusst werden kann.

Aber auch mentaler Stress und unsere Emotionen haben einen Einfluss auf das Agni. Der Darm ist über den Vagusnerv mit dem Gehirn verbunden. So schicken Nervenzellen über den Vagusnerv Signale zwischen dem Darm und Gehirn hin und her. Aus dem Grund wird häufig auch von der Darm-Hirn-Achse gesprochen. Kommt es zu stressigen Situationen, dann führt das schnell mal zu Verdauungsbeschwerden. Das Agni kann nicht mehr richtig arbeiten, sodass die Nahrung nicht mehr richtig verdaut werden kann. Sind Stresssituationen eher Ausnahmen und es folgt danach eine Phase der Erholung, kommt der Körper damit klar. Wird Stress jedoch zum Dauerprogramm kann die Verdauung komplett aus dem Gleichgewicht geraten, was ein Auslöser für Krankheit sein kann. Daher ist es umso wichtiger, täglich auf eine gesunde und konstitutionsgerechte Ernährung, genügend Schlaf und stressreduzierende Maßnahmen im Alltag zu achten.

Lebensmittel, die unserer Verdauung guttun

Es gibt Nahrung, die den Körper nährt und zur Vorbeugung von Krankheit und der Erhaltung von Gesundheit beiträgt und Nahrung, die dem Körper eher weniger guttut. Natürlich sind im Ayurveda auch mal Ausnahmen erlaubt. Vor allem dann, wenn man diese Speisen bewusst genießt und mit positiven Gedanken und Emotionen zu sich nimmt. Diese Ausnahmen sollten jedoch nicht auf der Tagesordnung stehen. Das Schöne ist, dass eine gesunde Ernährung alles andere als langweilig ist. Sie kann unglaublich abwechslungsreich, energiespendend und wohltuend sein. Da wir Menschen ein Produkt aus der Natur sind, sollten wir uns auch an der Natur und ihren Naturgesetzen orientieren. Die Natur hält eine Fülle an Obst, Gemüse, Hülsenfrüchten, Getreide, Kräutern, Nüssen, Samen und Kernen bereit. Diese sollten den Hauptteil der Ernährung ausmachen. Sie sind voller Ballaststoffe, sodass sie zum Aufbau einer gesunden Darmflora beitragen. Außerdem sind diese Lebensmittel voller Nährstoffe, die den Körper mit allem, was er braucht, versorgen.

Industrieller Zucker, Weißmehl, Konservierungsstoffe, ein Übermaß an tierischen Produkten, frittierte Speisen und Süßstoffe sind heutzutage leider überall zu finden. Sie haben nachweislich eine negative Auswirkung auf die Verdauung und all unsere Bakterien im Darm. Daher sollten sie so wenig wie möglich im Speiseplan vorkommen. Das Tolle ist aber: je gesünder und bunter man sich ernährt, desto weniger vermisst man herkömmliche Süßigkeiten und andere Fertiggerichte in der Ernährung. Die Geschmacksknospen verändern sich und man nimmt die Signale des Körpers besser wahr.

Sieben Tipps, um dein Agni zu balancieren

1. Iss drei regelmäßige Mahlzeiten

Die Verdauung liebt die Regelmäßigkeit. Wir alle tragen einen Biorhythmus in uns, der sich nach der Sonne richtet. So wird im Ayurveda empfohlen, morgens mit einem warmen Frühstück zu starten, die Hauptmahlzeit am Mittag einzunehmen und ein leichtes Essen am Abend zu genießen. Über geregelte Mahlzeiten entsteht ein Rhythmus, den der Körper liebt und woran sich auch die Verdauung gewöhnt. Bedenke, dass du die drei Mahlzeiten, je nach Konstitution, gerne um ein oder zwei kleine Mahlzeiten oder Snacks ergänzen kannst, oder bei Kapha auch zwei regelmäßige Mahlzeiten eine Option sein können.

2. Iss überwiegend warme und gekochte Speisen

Warme und gekochte Speisen sind sehr viel leichter verdaulich als Rohkost. So wird im Ayurveda empfohlen, überwiegend warme und gekochte Speisen zu essen. Vor allem dann, wenn das Agni nicht ganz im Gleichgewicht und eher schwach ist. Warme und gekochte Speisen sind quasi schon etwas vorverdaut und somit sehr viel bekömmlicher.

3. Kaue jeden Bissen sehr gut

Nicht nur das, was wir essen, beeinflusst die Verdauung, auch wie wir essen spielt eine große Rolle beim Verdauungsprozess. Die Verdauung beginnt bereits im Mund. Kaut man jeden Bissen sehr gut und schluckt ihn erst herunter, wenn ein Nahrungsbrei entstanden ist, so nimmt man dem Körper einiges an Arbeit ab. Im Mund befinden sich Speicheldrüsen, die beim Kauen Speichel produzieren und ausschütten. Darin befinden sich Verdauungsenzyme, die für die Aufspaltung von Kohlenhydraten verantwortlich sind. Daher ist ein gutes Kauen ganz wichtig für den Verdauungsprozess.

IRINAS Love Note

Kochen ist für mich oftmals Entspannung und eine Form von Meditation – einfach im Hier und Jetzt sein.

4. Achte auf deine Emotionen und iss in einer angenehmen Atmosphäre

Es gibt einen wunderbaren Spruch, der lautet: „Achte auf deine Gedanken, denn dein Körper hört zu". Im Ayurveda wissen wir, dass unsere Gedanken und Emotionen Auswirkungen auf die Verdauung und das Wohlbefinden haben. Nehmen wir das Essen in einer Stresssituation ein, dann beeinflusst das die Verdauung negativ. Achte darauf, dass du beim Essen keine Streitgespräche oder Diskussionen führst. Atme vor der Mahlzeit dreimal tief durch und iss in Ruhe. Das führt auch dazu, dass man die Signale des Körpers sehr viel besser wahrnimmt.

5. Iss nur bei physischem Hunger und höre auf zu essen, wenn du angenehm satt bist.

Damit Speisen gut verdaut werden können, ist es wichtig, dass das Agni gut brennt. Echter Hunger ist ein Zeichen dafür, dass der Körper bereit ist, wieder neue Nahrung aufzunehmen und zu verdauen. Haben wir keinen Hunger und essen trotzdem ständig, so gerät das Agni aus der Balance. Auch die Portionsgröße hat einen Einfluss auf die Verdauung. So ist es wichtig, dass das Agni nicht überfordert und überlastet wird, in dem man ständig über seinen Hunger hinaus isst. Achte daher bewusst auf die Signale deines Körpers und höre auf zu essen, wenn du angenehm satt bist.

6. Iss mittags deine Hauptmahlzeit und abends etwas leicht verdauliches.

Die verschiedenen Tageszeiten haben auch einen Einfluss auf die Stärke unseres Agnis. Der Spruch „Iss morgens wie ein Kaiser, mittags wie ein König und abends wie ein Bettelmann" könnte zumindest zum Teil aus dem Ayurveda stammen. Denn wir haben mittags die beste Verdauungsleistung, was bedeutet, dass wir mittags am allermeisten und am meisten Vielfalt verdauen können. Morgens ist unser Agni noch etwas langsamer unterwegs, sodass die Mahlzeit kleiner ausfallen sollte. Gerade abends schlagen einige nach einem vollen Arbeitstag noch einmal richtig zu, jedoch ist dies für unser Agni meist eine Überforderung. Wir nehmen unverdaute Nahrung in unserem Magen mit in den Schlaf und tragen danach die Folgen von fehlerhaften Verdauungsprozessen. Wenn du abends nur etwas Kleines und vor allem leicht verdauliches isst, dann hat nicht nur dein Bauch etwas davon, sondern es werden auch dein Schlaf und deine Energie am nächsten Morgen maßgeblich davon profitieren.

7. Kombiniere nur, was sich auch gut zusammen verdaut

Im Ayurveda wissen wir, dass sich einige Speisen nicht gleichzeitig im Magen befinden sollten, da sie dann nicht gut verdaut werden und das unser System belasten kann. Darum achte darauf, folgendes nicht in einer Mahlzeit zu kombinieren:

- Obst und Milchprodukte
- rohes Obst zusammen mit rohem Gemüse
- kalte Getränke zu warmen Speisen
- mehrere tierische Eiweißkomponenten in einer Mahlzeit

IRINAS
Love Note

Wichtig ist, dass man für sich eine Vogelperspektive einnimmt und beobachtet – was tut mir wann (nicht) gut, warum ist das so und wie kann ich es ändern?

Bei mir ist es definitiv die Verdauungsproblematik (nachdem ich Unruhe, Schlaflosigkeit und das Gefühl von Rastlosigkeit dank Ayurveda in den Griff bekommen habe). Aber auch hier weiß ich mittlerweile, was mich wann, warum triggert und warum ich auf gewisse Lebensmittel, Umstände und Gegebenheiten so oder so reagiere.

So weiß ich, dass ich z.B. leckere Smoothies (zimmertemperiert) am besten um die Mittagszeit verdaue und alles davor und danach schwierig wird (abhängig von Zyklus, Jahreszeit und allg. körperlicher Verfassung).

Stell dir die Frage: was kannst du am besten zu welcher Uhrzeit verdauen? Fühl da mal genau hinein!

Intuitives Kochen

VON VOLKER MEHL

Leben ist immer jetzt...

Häufig bereuen Menschen Dinge, die sie nicht getan haben, aber schon immer mal machen wollten. Deshalb ist es immer wichtig, bei sich zu bleiben und an die eigenen Träume zu glauben, ganz egal, wie der Zeitpunkt ist oder was andere Menschen dazu sagen. Denn nur, wenn man Wünsche äußert, kann sie das Universum auch erfüllen. Einer dieser Wünsche war für Irina dieses Buch. Intuitives Kochen war Irina eine Herzensangelegenheit, weswegen dieses Kapitel genau dem Thema gewidmet ist.

Das intuitive Kochen ist wundervoll, da daraus die spannendsten Gerichte entstehen – wie es mit der Intuition und dem Leben so oft ist. Über intuitives Kochen zu schreiben, ist aber auch eine Herausforderung, da es natürlich ganz individuell ist, wie Intuition definiert ist. Das Lexikon sagt dazu folgendes:

Intuition ist die Fähigkeit, Einsichten in Sachverhalte, Sichtweisen, Gesetzmäßigkeiten oder die subjektive Stimmigkeit von Entscheidungen zu erlangen, ohne diskursiven Gebrauch des Verstandes, also etwa ohne bewusste Schlussfolgerungen. Intuition ist ein Teil kreativer Entwicklungen.

Die Kurzform ist: Hirn ausschalten und komplett aus dem Bauch und Herz heraus handeln!

IRINAS
Love Note

„Keep it easy".
Oft ist es schon wertvoll zu wissen, was einem selber guttut und was nicht. Mit kleinen Schritten und einem Bewusstsein zur Veränderung ist jedem oft besser getan, als mit strengen Verboten, Regeln und Vorgaben... das ist NICHT ayurvedisch. Jeder in seinem Tempo und nur so viel er kann.

Genau so und nicht anders entstehen die spannendsten Gerichte. Beim intuitiven Kochen ist es zu Beginn oft unklar, was am Ende auf dem Teller passiert. Aus einem Bild im Kopf entsteht ein Geschmack auf der Zunge und beim Schnippeln, Würzen und Braten entsteht dann was komplett Neues. Deshalb ist Kochen ein zutiefst schöpferischer, verbindender Prozess und viel mehr, als nur Lebensmittel zu erwärmen.

Ein zauberhafter Kompass ist dabei die Idee der sechs Geschmäcker im Ayurveda. Denn wenn alle sechs Geschmäcker süß, sauer, salzig, scharf, bitter und zusammenziehend in einer Mahlzeit enthalten sind, ist die Chance, dass es ein harmonisches Essen wird, extrem groß. Damit folgt man im Ayurveda der Idee einer Grundharmonie, die alles durchdringt und damit eine Mahlzeit harmonisch ist, braucht es die Ausgewogenheit der sechs Geschmäcker.

Der Ayurveda betont immer, was den Menschen guttut und nicht unbedingt, was eliminiert werden muss. Die ayurvedische Kost ist eine große Vielfalt an Vollwertkost, basierend auf den über 5.000 Jahren Erfahrung, auf die der Ayurveda beruht.

Lebensmittel können grob in vier Kategorien eingeteilt werden:

1. Unverarbeitete oder kaum verarbeitete Lebensmittel wie Obst, Gemüse, Vollkorngetreide und Hülsenfrüchte und Ghee.

2. Pflanzenbasiert und verarbeitet. Dazu zählen dann Pasta, Öle, Getreidemilch, Snacks, Riegel, etc.

3. Pflanzenbasiert und stark industriell bearbeitet. Dazu zählen Auszugsmehl, weißer Zucker, Fertiggerichte, Fleischersatzprodukte etc.

4. Tierische Lebensmittel. Dazu zählen Milch, Käse, Fleisch, Fisch, Geflügel etc.

Die Empfehlung ist dann recht simpel, und zwar so weit wie möglich nur Lebensmittel aus der ersten und zweiten Kategorie zu essen. Tierische Produkte wie Milch und Fleisch, werden, wenn überhaupt, nur zu therapeutischen Zwecken in Absprache mit dem Therapeuten eingesetzt.

Mit ganzheitlich sind hier vor allem Lebensmittel gemeint, die nur minimal verarbeitet werden. Dazu gehören Getreide in Vollkornqualität, Obst, Gemüse und Hülsenfrüchte. Dann in Maßen: Nüsse, Samen, natürliche Süßstoffe und ausgewählte Fette wie Olivenöl und Ghee.

Stark verarbeitete Lebensmittel sind nicht bei dieser Ernährung vorgesehen, also keine hochraffinierten Getreideprodukte, Lebensmittel, die zugesetzten Zucker oder künstliche Süßstoffe (z.B. Süßwarenzucker, Fruktose-Maissirup) und Lebensmittel mit Fettzusatz, enthalten. Ebenso wird hier bewusst auf, unter hohem Energieaufwand hergestellten, Pseudo-Fleisch-Ersatzprodukte verzichtet, die anschließend in Plastik verpackt und einmal um die Welt geschickt werden.

Dazu braucht es keinen Taschenrechner, um Kalorien oder Kohlenhydrate zu zählen. Wir alle dürfen vor allem animiert werden, mit vielen Gewürzen zu experimentieren, um die Geschmacksnerven zum Leuchten zu bringen und die Verdauung zu entlasten. Abgesehen davon, ist diese Ernährung auch noch extrem kostengünstig! Denn viele Zutaten, die verwendet werden, sind sehr günstige Lebensmittel und Grundnahrungsmittel. Du brauchst keine teuren, super trendy Spezialartikel und keine Eimer von Agavensirup oder Schubkarren-Ladungen von Cashews, Mandeln und Avocados.

Die Idee hinter diesem Konzept ist, es dir möglichst einfach zu machen, damit du nicht das Gefühl hast, nur mit besonders exotischen Lebensmitteln ayurvedisch kochen zu können. Alles, was unter der Sonne wächst, ist Ayurveda und damit natürlich auch alles, was bei dir regional zur Verfügung steht.
Lasse deiner Intuition freien Lauf, sei mutig am Herd und teste neue Ideen aus.

Hier noch zur Orientierung eine kleine Einteilung von Lebensmitteln in Bezug auf ihre Verdaulichkeit:

LEICHT VER

REIS, GERSTE, URWEIZENSORTEN WIE: DINKEL, EMMER UND KAMUT, BUCHWEIZEN, GESCHÄLTE MUNG BOHNEN, KAROTTEN, GESCHÄLTE PAPRIKA, GRÜNE ERBSEN, WALDHONIG, MANDELN, ZUCCHINI, KÜRBIS, ARTISCHOCKEN, KARTOFFELN, FENCHEL, GRÜNE BOHNEN, SPARGEL, ROTE BETE, STAUDENSELLERIE, WEINTRAUBEN, SÜSSE ÄPFEL, INGWER, FEN-CHELSAMEN, KORIANDER, ANIS, KREUZKÜMMEL, ZIMT KARDAMOM, NELKEN, BOCKSHORNKLEE, ABGEKOCHTES WASSER, SAFRAN

MÄSSIG VERDAULICH

AVOCADO, ALLE NÜSSE (BIS AUF MANDELN), FISCH, GEFLÜGEL, WEISSE BOHNEN, ROTE BOHNEN, BROKKOLI, KICHERERBSEN, MANGO, DATTELN, GURKEN, FEIGEN, SPINAT, MANGOLD, ZWIEBELN, GEKOCHTE UND GEWÜRZTE KUH- UND ZIEGENMILCH

SCHWER VERDAULICH

UNGEKOCHTE SPEISEN, SALAT VOR ALLEM AM ABEND, EIER, FLEISCH, WURST, FETTIGE UND FRITTIERTES SPEISEN, MILCHPRODUKTE, KÄSE, BUTTER, QUARK, TOFU- UND SOJAPRODUKTE, SCHWERE SÜSS- UND MEHLSPEISEN WIE KUCHEN, TORTE UND PUDDING, SAHNESOSSEN, KOKOSÖL, KNOBLAUCH, SONNENBLUMENÖL

Gesunde Ernährung hat für mich IMMER mit Genuss und nicht mit Verzicht zu tun.

Oft werde ich gefragt, ob ich denn auch mal ‚sündige'!?
Ich finde ‚sündigen' ist hier fehl am Platz, denn egal, was man isst, es sollte NEVER EVER als Sünde abgetan werden.
Genuss ohne Reue ist meine Devise.

Warum also nicht gleich GENUSS und GESUND in einem?

Deine Einstellung zu deinem Körper

VON ILKA FISCHER

Neben einer ausgewogenen Ernährung, ist auch deine mentale und psychische Einstellung entscheidend, um gemäß der Lehre des Ayurveda ein gesundes und erfülltes Leben zu führen. Hierzu gehört neben vielen äußeren Faktoren, auch deine innere Haltung und dein Bewusstsein zu deinem Körper: Liebst du deinen Körper, verwöhnst du deinen Körper, achtest du auf deinen Körper, bist du in Verbindung mit deinem Körper, nährst du deinen Körper auf allen Ebenen? Viele Menschen leben sehr unbewusst und unachtsam und vernachlässigen ihren Körper, bewegen sich zu wenig, haben zu viel Stress, ernähren sich ungesund, snacken viel zu viel, essen nebenbei und unbewusst, konsumieren zu viele Genussmittel, haben keine Lust zu kochen und gehen stattdessen mehrmals die Woche in den Imbiss oder ins Burger-Restaurant. Lass uns an diese Stelle auf das Positive blicken.

IRINAS
Love Note

Schätze, ehre und liebe deinen Körper BEDINGUNGSLOS. Er arbeitet Tag und Nacht für dich. Bedingungslos.

Wunderbare Empfehlungen, um deinen Körper zu spüren und in Frieden und Dankbarkeit mit deinem Körper zu leben, sind folgende:

Baue eine liebevolle Verbindung zu deinem Körper auf.

Etabliere Routinen in dein Leben (Morgen- und Abendroutinen, Rituale).

Beginne und beende den Tag mit einer Dankbarkeitsminute.

Meditiere täglich, praktiziere Yoga und Atemübungen.

Treibe regelmäßig Sport (Yoga, Wandern, Schwimmen, Radfahren, Tanzen - alles, was dir Freude macht und was dich auch fordert im positiven Sinne).

Sei achtsam und ganz im Hier und Jetzt bei allem, was du tust.

Verbringe jeden Tag Zeit in der Natur.

Nimm dir jeden Tag - auch im Alltag - Zeit für Familie, Partner, Kinder, Haustiere.

Reduziere Stress (beruflich und privat).

Sorge täglich für Social-Media- und handy-freie Zeit (Setze dir ein Zeitfenster für Facebook, Instagram, Netflix & Co.).

Investiere Zeit in Weiterbildung und persönliche Entwicklung.

Nähre dich mit Dingen, die dir gut tun (lesen, Podcast hören, singen, tanzen, Hobbies, in die Natur gehen, Bewegung, Journaling).

Konsumiere nicht zu viele Nachrichten oder andere aufreibende / negativ-emotionale Medieninhalte (in Büchern, Filmen etc.).

Achte auf regelmäßigen und gesunden Schlaf (sechs bis acht Stunden).

Gönne dir Me-Time und Auszeiten (Eine halbe Stunde am Tag für dich, am Wochenende mindestens zwei Stunden nur für dich).

Beschäftige dich mit der Frage nach dem Sinn deines Lebens - warum bist du hier, was ist deine Aufgabe im Leben, dein Dharma?

IRINAS
Love Note

Yoga ist für mich die praktische Verbindung zwischen Körper, Geist und Seele. Es ist wie Meditation in Aktion. Spiritualität ist für mich der Glaube an das Wirken einer größeren und so machtvollen Kraft, aus der wir alle entstanden sind und in der wir alle EINS sind. Ich nenne es am liebsten „das Universum".

Beginne direkt einige dieser Tipps umzusetzen... und du wirst merken, dass du jeden Tag einen kleinen Schritt in Richtung eines ausgeglicheneren und glücklicheren Lebens gehst, im Einklang von Körper, Geist und Seele – ganz im Sinne des Ayurveda.

Einfache Küchentipps

VON ILKA FISCHER

Keep it simple – Ayurvedaküche leicht gemacht

Wie du bereits gelesen hast, spielen sowohl die ayurvedischen Ernährungsempfehlungen als auch das intuitive Kochen eine sehr große Rolle im Ayurveda. Daher lernst du in diesem Kapitel noch einige wunderbare Tools und Küchen-Hacks, damit es dir noch einfacher gelingt, Ayurveda in deine Küche und in deinen Alltag zu integrieren. Im Folgenden findest du Antworten auf sehr häufige Fragen zur Ayurveda-Ernährung im Alltag.

Was tust du, wenn dein(e) Partner(in) nicht ayurvedisch leben und essen möchte?

Wichtig ist hier, dass du niemandem etwas aufzwingst. Besser ist, du lebst es vor und so kommen die Menschen in deinem Umfeld dann meistens von selber darauf und fragen nach, warum du so gut gelaunt bist, so gesund aussiehst und dich energiegeladen und frisch fühlst und weniger gestresst als früher bist! Sei ein Vorbild für andere, aber überrede und belehre sie nicht!

Was sind einfache Schritte, um Essen zu „ayurvedisieren"?

Wenn du zum Beispiel Reis oder Nudeln für deine Familie kochst, ist es ganz einfach, in einer separaten kleinen Pfanne ein paar Gewürze anzurösten (z. B. frischen Ingwer, Curry, Kurkuma, Kreuzkümmel in etwas Ghee oder Kokosöl sanft anbraten, bis sie ein feines Röstaroma entfalten) und dann für dich Reis oder Nudeln darin zu schwenken, on top ein paar frisch gehackte Kräuter (z. B. frische

Petersilie oder frischen Koriander) oder ein paar Streifen frischen Radicchio, eventuell noch ein paar Granatapfelkerne, und/oder ein paar gehackte Walnüsse, Sonnenblumen- oder Kürbiskerne... und fertig ist dein „ayurvedisiertes" Essen. So hast du ohne großen Mehraufwand das ganze Spektrum aller sechs Geschmacksrichtungen (süß, sauer, salzig, scharf, bitter, zusammenziehend) und gleichzeitig noch wertvolle Vitamine und Nährstoffe durch die frischen Kräuter, die Nüsse, Saaten und Granatapfelkerne in deine Mahlzeit integriert.

Ein weiteres Beispiel dafür, ein Essen ayurvedisch „aufzupimpen" ist es, Kartoffeln, Gemüse etc. mit einer Kurkuma-Orangen-Sauce zu verfeinern. Hierzu nimmst du 1 EL gemahlenen Kurkuma, 200 ml Hafercreme, Saft und Abrieb einer Orange. Alle Zutaten in einem kleinen Topf vermengen, aufwärmen (nicht kochen) und über das Gemüse geben, schmeckt himmlisch lecker (ist auch als Salatdressing geeignet, dann allerdings nicht aufwärmen).

Was ich am #ayurvedalifestyle aber so liebe ist, dass er ganz undogmatisch und sehr auf das Individuum bezogen ist. So sieht der Ayurveda auch die Vorteile von Fleisch und bezieht die Vorliebe des Menschen mit ein.

Für meine Familie kann ich nicht ganz fleischlos kochen, das wäre egoistisch und entgegen ihrer Wünsche.

Aber ich versuche es bestmöglich ayurvedisch und bekömmlich zuzubereiten und achte auf gute Qualität. Auch ist mir die Wertschätzung dafür wichtig. Das heißt, das gibt es nicht täglich, nicht im Übermaß und meine Kinder sollen wissen, wo es her kommt und eines Tages selbst entscheiden, ob Ayurveda mit oder ohne Fleisch & Fisch.

Grundausstattung einer easy (Ayurveda-) Küche

Was sollte ich an Vorräten und an Grundausstattung zum ayurvedischen Kochen zu Hause haben?

Im Ayurveda sollte möglichst frisch, regional und auch saisonal gekocht und gegessen werden, daher wäre es schön, wenn du Obst und Gemüse sowie Kräuter einkaufst und zubereitest. Es ist klar, dass es vielen im Alltag mit Familie, Kindern, Beruf etc. nicht möglich ist, mehrmals die Woche frisch einzukaufen und mehrmals am Tag frisch zu kochen, daher passe auch dein Einkaufs- und Kochverhalten an deinen Tagesablauf an – mit der Intention, es ohne Stress, so gut wie es eben geht, umzusetzen.

Gewürze wie Anis, Asafoetida, Bockshornklee, Cayenne, Chili, Curry, Fenchel, Garam Masala, Ingwer, Kardamom, Koriandersamen, Kreuzkümmel, Kurkuma, Muskatnuss, Nelken, Paprika, Piment, Pippali, Pfeffer, Safran, Senfsamen, Vanille, Zimt. Zusätzlich eignen sich auch ayurvedische Gewürzmischungen, vor allem, wenn es schnell gehen soll. Luftdicht verschlossen und dunkel gelagert halten sich Gewürze viele Monate.

Salz wie Steinsalz, Himalayasalz

Ätherische Öle wie zum Beispiel Fenchel, Grapefruit, Lavendel, Melisse, Minze, Oregano, Orange, Zitrone (nur sehr sparsam dosieren, sehr intensiv)

Gemüsebrühe (Bioqualität aus dem Glas oder selbstgemacht)

Kräuter wie Bärlauch, Basilikum, Dill, Koriander, Minze, Lorbeer, Oregano, Petersilie, Rosmarin, Salbei, Schnittlauch, Thymian, Zitronengras, Zitronenmelisse (frisch oder getrocknet)

Hülsenfrüchte (getrocknet) wie Kichererbsen, Linsen, Bohnen, Mungbohnen, Erbsen (Einweichzeit beachten)

Getreide und Pseudogetreide wie Weizen, Roggen, Reis (Basmati- oder Vollkornreis), Quinoa, Hafer, Dinkel, Buchweizen, Polenta, Couscous, Bulgur, Amaranth

Flocken für Porridge wie Haferflocken, Reisflocken (Poha), Dinkelflocken

Nudeln - gern auch statt Weizennudeln alternative Sorten wie Buchweizennudeln (Soba), Dinkelnudeln, Vollkornnudeln, Spinatnudeln oder Nudeln aus Hülsenfrüchten wie Linsennudeln

Gute Öle und Fette wie Kokosöl, Ghee, natives Olivenöl, Leinöl, Rapsöl, Sesamöl, Avocadoöl, Kürbiskernöl etc.

Nüsse, Samen und Saaten wie Cashewnüsse, Chiasamen, Erdnüsse, Hanfsamen, Haselnüsse, Macadamianüsse, Mandeln, Mohnsamen, Kürbiskerne, Leinsamen, Paranüsse, Pecannüsse, Sesam, Sonnenblumenkerne, Pistazienkerne, Walnüsse (kühl und trocken lagern)

Mehl wie Buchweizenmehl, Dinkelmehl, Vollkornmehl, Weizenmehl

Milch wie Kuhmilch oder Milchalternativen wie Cashewmilch, Erbsenproteinmilch, Hafermilch, Kokosmilch, Mandelmilch, Reismilch

Milchprodukte wie Sahne, Frischkäse, Joghurt oder Alternativen wie Hafercreme, Mandelcreme, Kokosjoghurt, Kokoscreme

Mus (im Glas) wie Sesammus (Tahin), Mandelmus, Kokosmus, Cashewmus

Trockenobst wie Aprikosen, Cranberries, Datteln, Feigen, Gojibeeren, Mangos, Rosinen

Zucker und Süßungsmittel wie Agavendicksaft, Ahornsirup, Apfelmus, Honig, Kokossirup, Dattelsirup, Jaggery, Kokosblütenzucker, Stevia

Zum Würzen Apfelessig, Balsamico, Currypaste, Essig, Harissapaste, Misopaste, Tamari (weizenfreie Sojasauce), Senf, Sojasauce, Tomatenmark, Wasabi

IRINAS
Love Note

Ich liebe das (gesunde) Kochen und kreative Rumexperimentieren mit Gewürzen und Lebensmitteln. Der Fantasie und vor allem dem Geschmack sind keine Grenzen gesetzt.

Wenn es mal schnell gehen muss, kannst du durchaus auch mal auf Gläser und Konserven zurückgreifen, wie zum Beispiel:

- Kichererbsen, gegart
- Linsen, gegart
- Nussmus wie Sesam- oder Mandelmus
- Tomaten (ganz oder gestückelt)
- Tomatenmark
- Oliven
- getrocknete Tomaten
- Relish und Chutney (selbstgemacht natürlich besser, aber als Alternative okay)

Wie steht Ayurveda zu Tiefkühlkost?

Grundsätzlich sollte frische Ware bevorzugt werden, aber es spricht durchaus nichts dagegen, in Einzelfällen Obst und Gemüse (ungezuckert, ohne Zusatzstoffe) auch aus dem Tiefkühlfach zu verwenden. Fertigprodukte mit Farb-, Zusatz- und Konservierungsstoffen, mit Geschmacksverstärkern und Fertigsaucen etc. sollten aber vermieden werden!

Nun hast du schon so viel zur Praxis gelernt, dass du es sicher kaum erwarten kannst, in der Küche den Zauber von Gerüchen, das meditative Gemüseschneiden und das Prana von frischen Zutaten zu erleben. Ganz viel Freude damit!

Ayurveda Rezepte

VON IRINA HELD

MIT ERGÄNZUNGEN VON
JENNY LEHNEN UND KRISTINA NOWOCZIN

Frühstück

Drinks

Dattel Frucht-Drink

Zutaten für 2 Portionen:

1 reife Banane
1 kleine Mango
1 EL Nussmus (von Rapunzel)
200 ml Kokosdrink
150 ml Wasser
1-2 TL Gewürz, wie z.B. Kurkuma,
Kardamom, Zimt
1 TL Kokosflocken
1 EL Roh-Kakao

So gehts:

Alle Zutaten in einen Mixer geben und pürieren.

Kokos Mandel-Drink

Zutaten für 2 Portionen:

300 ml Mandeldrink oder Kokosmilch
(alternativ: 50:50)
4 saftige, entsteinte Datteln
(z.B. Mazafati-Datteln)
1 EL Leinsamen, gemahlene Nüsse oder
Haferflocken
eine gute Messerspitze Vanille oder
Tonkabohne, oder ein Gewürz deiner Wahl
¼ TL Zimt, Kardamom, Nelke, Koriander

So gehts:

Alle Zutaten in einen Mixer geben und pürieren.

Agni INFO

„Für alle, die keine Zeit haben in Ruhe zu frühstücken, aber dennoch nicht mit leerem Magen aus dem Haus wollen. Die Drinks sollten nicht kälter als Raumtemperatur sein.

Smoothies

Grüner Smoothie

Zutaten für 2 Personen:

100 g Spinat
2 Mangoldblätter
1 reife Banane
300 g Mango
frische Minze und Koriander nach Belieben
100 ml Wasser
400 ml Kokosdrink

So gehts:

Spinat und Mangold waschen und grob hacken. Banane und Mango schälen und in Würfel schneiden. Anschließend alle Zutaten in einen Mixer geben und pürieren. Nach Belieben können die Zutaten abgewandelt werden.

Mango-Kokos-Smoothie

Zutaten für 2 Personen:

1 reife Mango
2-3 Datteln (ohne Stein und saftig weich)
4-5 frische Basilikumblätter
200 ml Kokosmilch oder Kokosdrink
50 ml Wasser
½ TL Zimt
eine Prise Vanille

So gehts:

Mango schälen und in Würfel schneiden. Anschließend alle Zutaten in einen Mixer geben und pürieren.

Agni INFO

Besonders geeignet für diejenigen, die ein starkes Agni haben und nicht schnell frieren.

Buchweizen

mit frischer Papaya & getrockneten Pflaumen

Zutaten für 1-2 Personen:

60 g Buchweizenflocken
200 ml Haferdrink (oder ein anderer Drink)
100 ml Wasser
50 g Papaya
3 getrocknete Pflaumen
3 Datteln
Süße nach Belieben, zum Beispiel Dattelsirup
1/2 TL Zimt
eine Prise Kardamom und Vanille
eine Prise Salz
Mandelmus als Topping (optional)

So gehts:

Flocken in Wasser und Haferdrink einköcheln bis eine cremige Masse entsteht. Datteln und Pflaumen klein hacken. Papaya in Stücke schneiden. Diese kann man teilweise auch schon in das köchelnde Porridge geben.

Getrocknete Früchte, Zimt, Kardamom, Vanille und Salz dazugeben, abschmecken und zum Beispiel mit Dattelsirup süßen. Nach Belieben mit Mandelmus servieren.

Buchweizenflocken mit karamellisierten Feigen

Zutaten für 1-2 Personen:

Ein Stück geriebener, frischer Ingwer
2 frische Feigen
1 EL Kokosöl
1 EL brauner Zucker
200 ml Kokosmilch (oder Pflanzendrink)
100 ml Wasser
60 g Buchweizenflocken
Gewürze nach Wahl, z.B. Zimt, Kardamom,
1. Msp. Tonkabohne
1 TL Kokosraspeln
Ein Spritzer Zitrone

So gehts:

Den Ingwer schälen und fein reiben. Die Feigen waschen und in Scheiben schneiden. In einer Pfanne das Kokosöl erhitzen und den Ingwer anbraten. Nun die Feigenscheiben mit dem braunen Zucker bestreuen, in die Pfanne geben und kurz scharf anbraten. Beiseite stellen.

Die Kokosmilch und das Wasser in einem Topf erhitzen, die Buchweizenflocken untermengen, die Gewürze dazu geben, umrühren und für ca. 5 Minuten bei geschlossenem Deckel ziehen lassen. Mit einem Spritzer Zitrone und Kokosraspeln abschmecken. In einer Schüssel anrichten und genießen.

Herzhafte Süßkartoffel Muffins

Zutaten für ca. 9 Stück :

100 g Süßkartoffeln (geraspelt)
100 g mehligkochende Kartoffeln (geraspelt)
½ TL Natron
2 TL Salz
100 g Kastanienmehl
100 g Buchweizenmehl
1 TL Leinsamen
1 TL Flohsamenschalen
2 EL Kokosöl
150 ml Hafermilch

So gehts:

Alle Zutaten in eine Schüssel geben und mit einem Blender oder einem Pürierstab zu einem Teig verarbeiten. Den Teig in Muffinförmchen verteilen und im vorgeheizten Backofen bei 200°C Ober-/Unterhitze ca. 20 Minuten backen.

Zubereitungshinweis:

Können auch als Brötchen geformt werden.

Glutenfreies Bananenbrot

Zutaten:

3 reife Bananen
200 g glutenfreies Mehl
(zum Beispiel Buchweizenmehl und
Kokosmehl im Verhältnis 50:50)
2 Eier
(für die vegane Variante: 60 g Apfelmus)
eine Prise Salz
30 g Sirup deiner Wahl
(zum Beispiel Ahorn-, Reis- oder Dattelsirup)
alternativ: 50 g Rohrzucker
1/2 Päckchen Backpulver
je eine Prise Zimt und Vanille

So geht's:

Alles in einem Blender zu einem glatten Teig verrühren und für einen Moment ruhen lassen. Eine Form einfetten, den Teig in die Form geben und anschließend bei 180°C Ober-/Unterhitze ca. 30 Minuten backen. Kurz vor Ende der Backzeit die Stäbchenprobe machen. Sollte der Kuchen innen noch weich, außen schon dunkel sein, einfach mit Alufolie bedecken und weiterbacken lassen. Danach bei ausgeschaltetem Ofen noch einen Moment ruhen lassen.

Zubereitungshinweis:

Wer keinen Blender hat, einfach zuerst die Bananen mit einer Gabel zerdrücken. Zucker bzw. Sirup mit den Eiern verrühren und zu den Bananen geben. Anschließend alle restlichen Zutaten und mit einem Rührgerät mixen.

Gesunde Aufstriche

Schoko-Nuss-Aufstrich

Zutaten:

ca. 2 EL Nussmus
(zum Beispiel Haselnuss)
ca. 1 EL entölter Kakao
ca. 1 TL Kokosblütenzucker
(oder ein anderes Süßungsmittel)

So geht's:

Alle Zutaten in einen Mixer geben und zu einem Aufstrich vermengen.

Zubereitungshinweis:

Man kann auch noch 1TL flüssiges Kokosöl hinzufügen oder mehr Mus, Kakao oder Süße. Hier ist das Schöne... Man bestimmt Konsistenz und Süße selbst, bis es perfekt ist!

Avocado-Brot mit Mandelcreme

Zutaten:

1 reife Avocado
Etwas Abrieb von der Schale
einer Bio-Zitrone
1 EL Zitronensaft von einer Bio-Zitrone
2 EL weißes Mandelmus
2 Messerspitzen gemahlene Tonkabohne

So geht's:

Die Avocado von dem Kern befreien und das Fruchtfleisch in eine Schüssel geben. Von der Zitrone etwas Schale abreiben und beiseite stellen. 1 EL Zitronensaft mit der Avocado vermengen. Mandelmus, Ahornsirup und die Tonkabohne untermengen und fertig ist der köstlich süße und vor allem gesunde Aufstrich.

Pancakes

Der Favorit von meinen Söhnen Matheo & Milan

Zutaten:

100 g Mehl (zum Beispiel Buchweizenmehl)
50 g Kokosmehl
2 EL zarte Haferflocken
2 EL Kokosblütenzucker
2 TL Backpulver
eine Prise Salz
1 EL Öl
1 TL Kokosöl
200 ml Kokosmilch oder Pflanzendrink
100 ml Wasser
Etwas Kokosöl oder Ghee zum Ausbacken
Nach Belieben Puderzucker, Sirup oder Mus
Mineralwasser nach Bedarf für einen
klebrigen Teig

So gehts:

Beide Mehle mit den Haferflocken, dem Zucker, Backpulver, Salz, Öl, Kokosöl, Kokosmilch und Wasser zu einem glatten Teig rühren.

In einer heißen, beschichteten Pfanne mit etwas Kokosöl, oder Ghee ausbacken. Beliebig mit Puderzucker, Sirup oder einem Mus garnieren und verzieren.

Buchweizen Banane Pancakes

Zutaten:

2 reife Bananen
150 ml pflanzliche Milch
(z.B. Hafermilch)
75 g Buchweizenmehl
1 TL Kakao (möglichst ohne Zucker)
eine Prise Meersalz
Kokosöl zum Braten
Nach Belieben Mandelmus,
Apfelmus und/oder Ahornsirup

So gehts:

Die Bananen in Scheiben schneiden und mit den restlichen Zutaten im Mixer zu einer glatten Masse verrühren. Esslöffelweise bei mittlerer Hitze im Kokosöl braten. Anschließend mit Mandelmus, Apfelmus und/oder Ahornsirup servieren.

Kokosjoghurt mit Himbeeren

Zutaten:

Eine Hanvoll Himbeeren (oder Erdbeeren)
1 TL Kokosöl
Eine Prise Vanille
Dattelsüße nach Belieben
200 g Kokosjoghurt

So gehts:

Beeren waschen und halbieren. Kokosöl in einer Pfanne erhitzen und die Beeren mit der Vanille kurz andünsten.

Mit Dattelsüße und Vanille verfeinern und alles pürieren und anschließend mit dem Kokosjoghurt in eine Schüssel geben.

Zubereitungshinweis:

Beliebig mit selbstgemachtem Granola genießen.

Das Granola Rezept findet ihr auf der folgenden Seite.

Agni
INFO

Im Ayurveda weiß man, dass sich tierischer Joghurt und Obst nicht gut zusammen verdauen lassen. Weil es aber so lecker schmeckt, bietet uns Kokosjoghurt eine super Alternative.

Selbstgemachtes Granola

Zutaten:

200 g feine Haferflocken
200 g Quinoaflocken
100 g Buchweizenflocken
(die kann man weglassen oder durch eine
andere Sorte an Flocken bzw. doppelte
Menge Haferflocken ersetzen)
Eine Handvoll Rosinen
(alternativ Kokosraspel - auch lecker)
1 TL Zimt oder andere Gewürze
1 Banane für das Granola,
oder 2 Bananen für die Kekse
Eine Prise Salz
1-2 EL Erdnusscrunch oder Mandelmus
1 EL Kokosöl

Tipp:

Hält sich super lange in einem verschlossenen
Glas. Passt zu allen Müslisorten als Topping,
selbst als Müsli mit Obst und Nüssen,
im Salat oder einfach pur.

So geht's:

Alle Zutaten, bis auf das Öl und das Erdnusscrunch oder Mandelmus, verrühren. Für
das Granola eine Banane in einem Topf mit
einer Gabel zerdrücken. Für die Kekse zwei
Bananen verwenden.

Erdnusscrunch oder Mandelmus mit dem Öl
erwärmen, bis das Öl schmilzt, gut verrühren
und anschließend über die Flockenmasse
geben. Die Masse auf ein Backblech geben und
im vorgeheizten Backofen bei 200°C Ober-/
Unterhitze für ca. 10-15 Minuten backen.
Anschließend kurz abkühlen lassen.

Zubereitungshinweis:

Können auch als Kekse zubereitet werden –
dafür eine zusätzliche Banane verwenden.

Blinis

Zutaten:

4 Bio Eier
200 g Dinkelmehl
oder Kichererbsenmehl
500 ml Bio Vollmilch
(alternativ Pflanzenmilch)
1 Prise (Roh-) Rohrzucker
70 g Öl nach Wahl
(z.B. Ghee, Kokosöl, Olivenöl)
Ghee zum Einfetten für die Pfanne

So gehts:

Alle Zutaten zu einem Teig vermengen. Ghee in eine Pfanne geben und die Blinis von beiden Seiten goldbraun backen.

Zubereitungshinweis:

Ich bevorzuge die ayurvedische Variante aus Kichererbsenmehl oder Mung Bohnen und jeweiligen Gewürzen und vegan.

Die Blinis können süß oder pikant zubereitet werden, zum Beispiel in einer süßen Variante mit gebratenen Äpfeln und etwas Koksjoghurt. Für die pikante Variante Gewürze und Salz hinzufügen. Wenn mit Früchten oder Salz kombiniert wird, wäre die Pflanzenmilch jedoch der Vollmilch zu bevorzugen, denn Milch und Früchte oder Salz ist keine besonders gesunde Kombi im Ayurveda.

IRINAS
Love Note

Es gibt sicher zig Varianten und Zutatenreihenfolgen für Pfannkuchen, Crêpes und den russischen sogenannten Blinis.

Gerne probiert euch da auch mal kreativ aus und findet eure ganz persönliche Lieblings-Mixtur.

Rhabarber-Erdbeer-Creme

Zutaten:

100 g Rhabarber
100 g Erdbeeren
1 TL Zimt
2 TL Sharkara
50 ml Mandelmilch
1 EL Chiasamen
1 EL Flohsamenschalen
1 TL Leinsamen
Ahornsirup nach Geschmack
Zuckerfreie Schokolade

So gehts:

„Heute habe ich mal frei Hand mit Mandelmilch und Erdbeeren gekocht, zuvor etwas in Zimt und Sharkara (ayurvedischer Zucker, der fast basisch ist) eingelegt ...mit Chiasamen, Flohsamenschalen und Leinsamen gebunden und etwas Ahornsirup sowie der „gesunden, zuckerfreien" Schokolade abgeschmeckt."

Den Rhabarber und die Erdbeeren waschen und in Stücke schneiden. Zimt und Sharkara untermengen und für einige Minuten ziehen lassen.

In einem kleinen Topf das Obst andünsten. Dann mit der Mandelmilch ablöschen. Nun bei mittlerer Hitze so lange kochen, bis die Rhababerstücke gar sind. Den Topf vom Herd nehmen und das Obst kurz mit einem Pürierstab anpürieren. Chiasamen, Flohsamenschalen und Leinsamen untermengen.

Die Rhababer-Erdbeer-Creme muss ca. 20 Minuten vor dem Verzehr ziehen. In eine Schüssel geben, mit ein paar Erdbeeren garnieren und mit etwas Schokolade toppen. Köstlich!

IRINAS
Love Note

Ich liebe dieses säuerliche Gemüse in jeglicher Variation, ob als Kompott, mit (veganem) Pudding, als Crumble oder im Salat, er ist total einfach zuzubereiten. Rhabarber enthält viel Vitamin A und E, Kalium und Klazium.

Dinkelbrot mit Joghurt

Zutaten:

130 g Dinkel-Vollkornmehl
70 g Dinkelmehl Type 630
60 g Sonnenblumenkerne
60 g geschrotete Leinsamen
60 g Chiasamen
2 TL Salz
2 TL Sesamsamen
1 TL Brotgewürz
1,5 TL Backpulver
1 TL Natron
300 g Naturjoghurt
60 ml lauwarmes Wasser
130 ml Olivenöl
3 EL Agavendicksaft

So gehts:

Alle Zutaten zu einem Teig vermengen und in eine Kastenform geben. Das Brot bei 200°C Ober-/Unterhitze für ca. 15 Minuten zugedeckt backen. Anschließend die Folie entfernen und weitere 30 Minuten backen lassen.

10 Minuten vor Ende der Backzeit das Brot mit etwas Olivenöl bestreichen, so wird es schön kross.

Zubereitungshinweis:

Können auch als Brötchen zubereitet werden, dann verkürzt sich sich die Backzeit. Schaut einfach in euren Backofen.

Ja, auch im Ayurveda darf man mal Brot essen. Wichtig ist immer, in seinen Körper hinein zu fühlen „kann ich das gut verdauen"?

Porridge aus dem Ofen

Zutaten:

1 Banane
30 g Quinoaflocken
150 ml Kokosmilch
Je eine Prise Zimt und Vanille
1 EL geschrotete Leinsamen
1 EL Ahornsirup
Mus deiner Wahl (z.B. Cashewmus)
Obst deiner Wahl
(gerne kurz in einer Pfanne angedünstet
oder als Kompott)

So gehts:

Backofen auf 180°C Ober-/Unterhitze vorheizen. Banane mit einer Gabel zerdrücken. Eine Schüssel oder Förmchen (können auch Soufflé-Förmchen sein) einfetten. Restliche Zutaten (Quinoaflocken, Kokosmilch, Zimt, Vanille und geschrotete Leinsamen) dazugeben und gut verrühren. Zuletzt das Obst unterheben und ca. 20 Minuten backen. Mit Ahornsirup oder einem Mus deiner Wahl toppen, Obst deiner Wahl (gerne kurz in einer Pfanne angedünstet oder als Kompott) drüber geben und genießen.

Chyavanprash Milch

Zutaten:

200 ml Kokosmandelmilch
je eine Prise Kurkuma, Zimt und Vanille
1 TL Chyavanprash

So geht's:

Alle Zutaten in einem Topf erwärmen, aber nicht aufkochen, denn in Chyavanprash ist Honig enthalten und der sollte nicht zu arg erhitzt werden. Warm (nicht heiß) trinken, das tut vor allem in der kalten Jahreszeit sehr gut.

IRINAS
Love Note

Keine Zeit, ausgewogen, warm und entspannt zu Frühstücken!? Probiere es doch mal mit einer nährenden Gewürzmilch plus Chyavanprash. Chyavanprash ist ein ayurvedisches Kräuterfruchtmus bestehend aus der indischen Stachelbeere Amla und nahezu 50 verschiedenen Kräutern und Mineralien. Die Frucht Amla ist ein Vitamin C Booster und enthält wertvolle Tannine.

Chyavanprash beugt laut den uralten Ayurveda Legenden Erschöpfung und Alterungsprozessen vor und soll regenerierende Maßnahmen besitzen (das nennt man Rasayana im Ayurveda).

Du kannst das Mus löffelweise essen, in die Gewürzmilch rühren oder aufs Brot schmieren. Am Morgen ist die Verdauungskraft eher schwach, daher nährt und gleicht mich auch diese Variante zu frühstücken total aus und ich starte entspannt und stressfrei in den Tag.

Takra

Ayurvedische Buttermilch

Zutaten:

250 g Bio-Naturjoghurt (zimmertemperiert)
100 ml stilles Wasser (nicht kalt)
1 TL gerösteter und gemahlener
Kreuzkümmel und Königskümmel
1 TL Himalayasalz
frische Blattpetersilie

So geht's:

Alles mit einem Schneebesen verrühren und je nach gewünschter Konsistenz die Wassermenge variieren.

Zubereitungshinweis:

Bei Pitta 1:1 Wasser und Joghurt.

Bei Vata mehr Joghurt, weniger Wasser (cremige Konsistenz).

Bei Kapha mehr Wasser als Joghurt (sehr flüssige Konsistenz).

IRINAS Love Note

Mir tut aktuell diese selbstgemachte Buttermilch sehr gut und sie bewirkt Wunder in meiner Verdauung.

Durch die Milchsäurebakterien spricht man Joghurt eine positive Wirkung auf die Darmflora zu, das kann bei manch einem Stuhlträgheit oder Durchfall gleichermaßen lindern.

Süßspeisen

Apfelcrumble mit veganer Mandelcreme

Zutaten:

3 kleine Äpfel
Kokosöl
Zimt
Zitronensaft

Zutaten für den Crumble:

80 g Haferflocken
80 g gemahlene Nüsse
(Mandeln oder Haselnüsse, es geht
auch eine Prise Kokosflocken)
50 ml Mandelmilch
(oder eine andere Pflanzenmilch)
2 EL Kokosöl
2 EL Kokosblütenzucker
1 TL Zimt
Eine Prise Salz

Zutaten für die Mandel-Creme:

1 EL Kokosöl
2 EL Ahornsirup
2 EL Mandelmus

So gehts:

Äpfel schälen, entkernen und vierteln. Anschließend Kokosöl in einer Pfanne erhitzen und die Äpfel mit Zimt und Zitronensaft kurz andünsten. Dann in eine kleine Auflaufform geben.

Zubereitungshinweis:

Wenn es mal schneller gehen muss, können die Äpfel auch roh in den Ofen gegeben werden und ein paar Minuten länger backen.

Crumble:

Alle Zutaten zu einer Masse verrühren und anschließend über die Äpfel in eine gefettete Auflaufform geben. Den Apfel Crumble bei 180°C Umluft für 25 Minuten backen.

Mandel Creme:

Für die Creme einen Esslöffel Kokosöl erwärmen, zwei Esslöffel Ahornsirup dazugeben und Mandelmus einrühren. Die Mandel-Creme anschließend über den Apfel-Crumble geben.

Birnen Crumble mit Vanille Sauce

Zutaten:

2 Birnen
Zitronensaft nach Belieben
Zimt nach Belieben
Rosinen oder Cranberries nach Belieben
50 g vegane Butter
150 g gemahlene Haselnüsse
(alternativ Mandeln)
1 Prise Salz

Zutaten für die Sauce:

200 ml pflanzliche Milch
(zum Beispiel Hafer- oder Mandelmilch)
1/2 Vanilleschote
Ahornsirup nach Geschmack
2 EL Maisstärke
Etwas Wasser

So gehts:

Die Birnen halbieren und mit einem Esslöffel eine leichte Mulde ausheben und zugleich das Kerngehäuse entfernen. Mit etwas Zitronensaft beträufeln.

Den Backofen auf 160°C Umluft vorheizen.

Für den Crumble die gemahlenen Haselnüsse, Zucker, Zimt, Salz, Rosinen oder Cranberrys mit einer Küchenmaschine oder mit den Händen zu einer groben Masse verarbeiten.

Den Crumble gleichmäßig auf die Birnenhälften verteilen und auf ein mit Backpapier belegtes Backblech legen.

Im vorgeheizten Backofen für 45 Minuten backen.

Vanille Sauce

Vanilleschote auskratzen und mit samt der Schote in der Milch aufkochen. Die Maisstärke in etwas Wasser einrühren und in die kochende Milch geben. Vom Herd nehmen und mit Ahornsirup nach Geschmack süßen.

No Bake Dattelkuchen

Nach der Inspiration von Tasty Katy

Zutaten für den Boden:

150 g Haferflocken
100 g Nüsse
(zum Beispiel Mandeln oder Walnüsse)
4 EL Kokosöl
Eine gute Prise Salz

Zutaten für den Belag:

15 Medjool Datteln
Eine Prise Vanille

So gehts:

Zubereitung Boden:

Alle Zutaten für den Boden in einen Mixer geben. Anschließend die Masse auf eine runde Kuchenform streichen.

Zubereitung Dattelcreme:

Die Dattel in etwas Wasser aufkochen lassen und die Vanille hinzufügen. Anschließend die Datteln mit Vanille in einem Mixer pürieren und über den Boden streichen. Den Dattelkuchen für 1-2 Stunden kühl stellen.

IRINAS
Love Note

Ein leckeres Highlight für die ganze Familie und super schnell gemacht.

Ich liebe Datteln sehr und meine Kinder diesen Kuchen.

Energyballs

Dattel-Chia-Energyballs

Zutaten für die Dattelpaste:

300 g saftige Datteln
100 ml Pflanzenmilch oder Wasser

Zutaten für die Energyballs:

400 g Dattelpaste
80 g Haferflocken
20 g Chiasamen
3 EL Kakaopulver entölt
3 EL Kokosraspeln
3 TL Mandelmus und etwas mehr
zum Garnieren
1 Msp. Vanille
eine Prise Salz
eine Prise Zimt
Topping nach Wahl, zum Beispiel gemahlene
Nüsse, Kokosflocken Kakao oder
Himbeerpulver

So geht's:

Zubereitung Datelpaste:

Die Datteln ggfs. entsteinen und anschließend in 100 ml Pflanzenmilch oder Wasser kurz aufkochen und abkühlen lassen. Die Dattelmasse für die Energyballs in eine größere Schüssel füllen und zur Seite stellen.

Zubereitung Energyballs:

Alle Zutaten für die Energyballs zu der Dattelpaste geben und mit den Händen, einem Rührgerät oder einem Mixer zu einem glatten Teig verarbeiten. Anschließend den Teig für ca. 15 Minuten kalt stellen. Den Teig zu kleinen Kugeln formen. und in Topping nach Wahl wälzen.

Dattel-Nuss-Energyballs

Zutaten:

200 g Nuss-Kerne-Mischung nach Wahl
200 g Medjool Datteln entsteint .
Je eine Prise Zimt und Vanille
5 EL Saft einer Orange
oder Spritzer Zitronensaft
Zitronen- oder Orangenabrieb (optional)

Topping nach Wahl: Zum Beispiel Sesam,
gemahlene Nüsse oder Kokosraspeln

So geht's:

Zuerst die Nüsse in einer Pfanne ohne Öl kurz anrösten. Dann die Nüsse in einer Küchenmaschine fein mahlen. Anschließend alle Zutaten in einem Blender zerkleinern.

Die Masse für ca. 10 Minuten in den Kühlschrank stellen. Anschließend die Masse mit den Händen zu Bällchen formen und in Sesam, gemahlenen Nüssen oder Kokosraspeln wälzen.

Kokos-Dattel-Bällchen

Zutaten für 10 Stück:

50 g geraspelte Kokosflocken
25 g gemahlene Mandeln
50 g entsteinte Mazafati Datteln
1 EL Kokosöl
80 g feste Creme Kokosmilch
1 Prise Zimt und Vanille
Topping: Nuss Kakao-Masse
(optional 3 EL Cashewmus, 1 EL Kakao)

So gehts:

Die Kokosraspeln und Mandeln in einer Pfanne ohne Fett kurz anrösten. Anschließend alle Zutaten in einem Mixer zu einem glatten Teig verarbeiten.

Mit angefeuchteten Händen kleine Kugeln formen und sie anschließend ca. eine Stunde in den Kühlschrank stellen.

Für die Cashew-Kakaocreme 3 EL Cashewmus mit etwas Kakao verrühren und die Kugeln darin dippen.

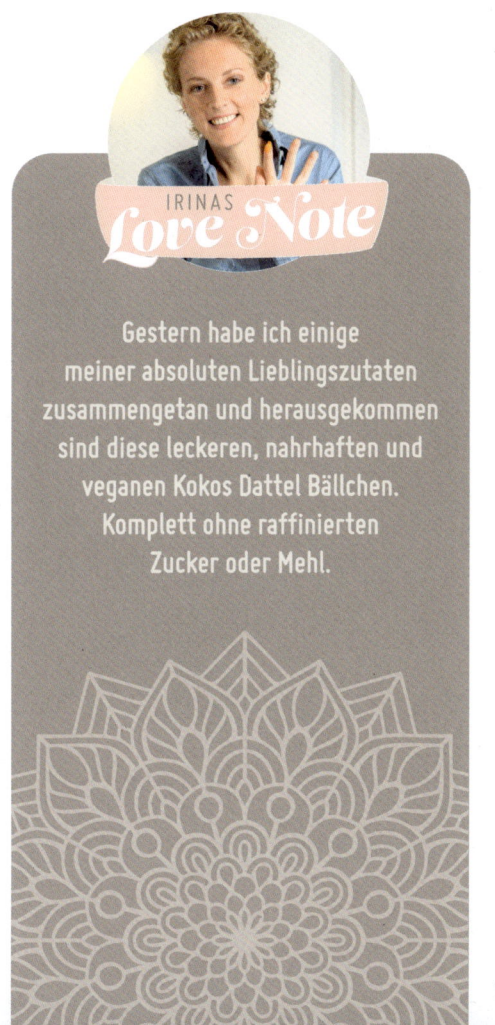

IRINAS
Love Note

Gestern habe ich einige meiner absoluten Lieblingszutaten zusammengetan und herausgekommen sind diese leckeren, nahrhaften und veganen Kokos Dattel Bällchen. Komplett ohne raffinierten Zucker oder Mehl.

Ayurvedischer Bratapfel

Zutaten :

4 Äpfel
75 g Mandelstifte
2 EL Rosinen
2 EL Cranberries
1 Stück Ingwer, gerieben
50 g Marzipan
1 EL Ahornsirup
1 TL Zimt
1/4 TL gemahlene Nelken
1/2 TL gemahlener Kardamom
250 ml Apfelsaft

So gehts:

Die Äpfel waschen und mit einem scharfen Messer das obere Viertel abtrennen und beiseite legen. Mit etwas Geschick den unteren Teil mit einem kleinen Löffel grob aushöhlen, sodass die Bratapfelmasse darin Platz finden kann.

Für die Füllung die Mandeln, Rosinen, Cranberries, Ingwer, Marzipan, Ahornsirup, Zimt und Nelken in ein hohes Gefäß geben, den Apfelsaft erhitzen und dann dazu schütten. Für mindestens eine Stunde ziehen lassen. Anschließend mit einem Pürierstab zu einer Masse verarbeiten und die Äpfel damit befüllen.

Im vorgeheizten Backofen bei 180°C Umluft 30 Minuten backen.

IRINAS
Love Note

Es gibt sicherlich tausend Varianten diese zu füllen. Meine sind mit wärmenden Gewürzen wie Ingwer, Zimt, Nelke und Kardamom.Das Innenleben habe ich ein wenig mit Marzipan ausgelegt und den Sud mit Cranberries, Rosinen und Mandelstiften in Apfelsaft gekocht.

Apfel-Dattel Muffins

Gesunde Apfel-Dattel Muffins mit Pistazie und Basilikum

Zutaten:

60 g geschälter Apfel
60 g entsteinte Datteln
50 g Mineralwasser
50 g Pflanzenöl neutral
120 g pflanzliche Milch (z.B. Mandel)
150 g Buchweizenmehl
50 g Speisestärke
100 g Kokosblütenzucker
1 TL Natron
Msp. Salz
10 frische Basilikumblätter
Ein Spritzer Limettensaft, frisch
15 g Pistazien für die Deko
Mandel-Kokos-Aufstrich
(optional zum Bestreichen)

So gehts:

Zuerst den Backofen auf Ober-/Unterhitze 180°C vorheizen. Äpfel und Datteln klein hacken oder im Mixer zerkleinern. Alle anderen Zutaten nacheinander hinzugeben, gut vermengen und in eine Muffinform geben.

Anschließend im vorgeheizten Backofen für ca. 20 Minuten backen. Zum Schluss mit Pistaziendekorieren oder einem Aufstrich (zum Beispiel Mandel-Kokos) bestreichen.

Kürbisküchlein

Zutaten:

200 g Kürbis (roh)

1 süßer Apfel (Pink Lady)

2 Eier (Bio)

100 g Mehl (Buchweizen)

100 g Süßrahmbutter

50 g Zucker (Rohrzucker oder Sharkara)

50 g Sirup

(zum Beispiel Ahorn- oder Reissirup)

1 Prise Salz

Etwas Vanillepaste

1 TL Backpulver

100 g pflanzliche Milch

(zum Beispiel Mandelmilch)

Für das Topping:

Kakaopulver und Mandel-Kokos-Aufstrich
von Rapunzel (optional)

So gehts:

Zuerst Kürbis und Apfel zerkleinern. Butter, Zucker und Sirup schaumig schlagen. Mehl und Backpulver vermischen. Die Eier zu der Butter-Zucker-Mischung nacheinander dazugeben und gut vermengen. Mehl, Backpulver und Salz, sowie Vanillepaste dazu. Alles gut verrühren und die Pflanzenmilch hinzufügen.

Anschließend Kürbis- und Apfelstücke unterheben. Dann die Masse in eine Brownie oder Kastenform geben und bei 200°C ca. 30 Minuten backen.

Zum Schluss den warmen Kuchen mit dem Mandel-Kokos-Aufstrich und Kakaopulver verzieren.

Kokosmilchreis mit Sauerkirschen

Zutaten:

50 g Basmatireis
eine Prise Vanille
150 – 200 ml Kokosmilch
1 TL Kokosöl
Eine Handvoll Sauerkirschen
Etwas Rohrzucker
1 EL gehackte Nüsse

So gehts:

Den Reis zusammen mit der Vanille und der Kokosmilch aufkochen. In einem Topf Kokosöl erhitzen und die Sauerkirschen darin mit dem Rohrzucker leicht andünsten. Den Kokosmilchreis anschließend in eine Schale geben und mit den Sauerkirschen servieren. Nach Bedarf mit gehackten Nüssen dekorieren.

Agni INFO

Der Milchreis eignet sich auch als leckeres Frühstück. Wenn mit Kuhmilch gekocht, sollte auf die Früchte verzichtet werden. Klassisch mit Zimt, Kardamom und etwas gesundem Zucker schmeckt er auch klasse.

Vegane Erdbeer-Creme

Zutaten:

ca. 150 g Nüsse
(zum Beispiel Mandeln und Cashewkerne)
ca. 250 g frische Erdbeeren
ca. 20 ml Mandelmilch oder den festen
Bestandteil der Kokosmilch
eine Prise Vanille
1 EL Agavendicksaft oder Ahornsirup
(wahlweise auch mehr)
2 EL frischer Limetten oder Zitronensaft

So gehts:

Zuerst die Nüsse für ca. 2 Stunden in Wasser einweichen und anschließend in einer Pfanne ohne Fett kurz anrösten. Die gerösteten Nüsse in einem Mixer fein mahlen. Die restlichen Zutaten hinzufügen und nochmals pürieren bis eine cremige Masse entsteht.

Gefüllte Datteln

Mit Nussmus, geschmolzener Schokolade und Mandelsplittern

Zutaten:

Datteln Anzahl nach Wunsch
Gehackte Mandeln oder Nüsse nach Wunsch
Nussmus nach Wunsch (z.B. Erdnussbutter)
Dunkle Schokolade

So gehts:

Die Datteln in der Mitte teilen, wenn nötig, den Kern entfernen und die Datteln auf ein Backpapier legen.

Die Schokolade in einem Wasserbad zum schmelzen bringen (Die Menge je nach Dattelanzahl anpassen)

Die gespaltenen Datteln mit dem Nussmus füllen, anschließend mit der geschmolzenen Schokolade beträufeln und zuletzt mit den Mandelsplittern toppen.

Bananen-Kokos Muffins

Zutaten:

120 g Dinkelmehl
2 Eier
100 g Kokosjoghurt
1 überreife Banane
3 saftige, entsteinte Datteln
30 g Kokosblütenzucker
30 g Kokosöl
40 g Kokosraspel
30 g gemahlene Mandeln
2 TL Backpulver
Gewürze wie Zimt, Vanille nach Belieben
Schokonibs oder Mandelkerne nach Belieben
Topping: Custard oder Puderzucker

So gehts:

Die Eier mit geschmolzenem Kokosöl verquirlen. Reife Banane mit einer Gabel zerdrücken und dazugeben und schaumig aufschlagen. Alle restlichen Zutaten in einer Schüssel vermengen und anschließend zu der anderen Masse hinzugeben. In der Zwischenzeit den Backofen auf 180°C Ober-/Unterhitze vorheizen. Nach Belieben noch Schokonibs oder Mandelkerne in den rohen Teig in Muffinförmchen füllen und anschließend für ca. 35 Minuten im Ofen backen.

Hinweis:

Schau hier nach den Einstellungen für deinen Ofen. Backzeit kann abweichen.

Agni INFO

Ja, auch im Ayurveda darf man ruhig klassische Kuchen mit Eiern und Mehl genießen. Auf die Häufigkeit und die Qualität der Zutaten (z.B. Eier vom Biohof vs. Eier aus dem Supermarkt) kommt es an.

Chocolate Heaven

Vegan und gesund

Zutaten :

100 g Haferflocken
mit 2 EL Chia Samen schroten
60 g Kakao
2 TL Backpulver und eine Prise Salz
vermischen und zu obiger Masse geben.
580 g rote Bohnen
180 g Apfelmus
125 ml Mandelmilch
150 g Ahornsirup
50 g Kokosöl
Nach Belieben: gehackte Walnüsse,
Zartbitterschokolade oder essbare Blüten

So gehts:

Alle Zutaten zu einer homogenen Masse mit einem Mixer verarbeiten und anschließend in eine Brownieform oder Muffinform geben.

Bei 180°C Ober-/Unterhitze für ca. 30-45 Minuten backen.

Nach Belieben die Zartbitterschokolade in einem Wasserbad zum Schmelzen bringen und als Topping verwenden. Die Walnüsse hacken, die essbaren, getrockneten Blüten zerbröseln und damit garnieren.

Pinker Schoko Mandelmus Kuchen

Mit Himbeerpulver

Zutaten:

80 g Butter
100 g Zartbitterschokolade
2 Eier
2 EL Mandelmus
30 g Kokosraspel
120 g gemahlene Mandeln
40 ml Mandelmilch (oder andere)
60 g Kokosblütenzucker (oder anderer)
Eine Prise Meersalz
Himbeerpulver zum Toppen

So gehts:

Butter schmelzen und mit allen anderen Zutaten in einen Mixer geben und vermengen. Den Teig anschließend in eine Kuchenform geben und bei bei 200°C Ober-/Unterhitze für ca. 30 Minuten backen. Anschließend weitere 15 Minuten im ausgeschalteten Ofen stehen lassen.

Für die Deko nach Belieben Himbeerpulver, Puderzucker, eine Creme, Schokolade oder Mandelmus verwenden, einfach nach dem Backen damit verzieren.

IRINAS Love Note

Du kannst hier gerne abwandeln, je nachdem was die Vorratskammer und der Kühlschrank hergeben oder ob du lieber vegan isst.

Süße, nahrhafte Avocadocreme

Zutaten:

2 mittelgroße, reife Avocados
2-3 EL Agavendicksaft
200 g Kokosjoghurt
2-3 EL Kokoscreme (fester/cremiger Bestandteil der Kokosmilch)
1 Prise pure Vanille
Spritzer Zitronensaft
Kokosflocken als Deko oder zum Unterheben

So geht's:

Alle Zutaten mit einem Pürierstab zu einer feinen Creme pürieren und zimmertemperiert servieren und genießen.

Tipp:

Den Avocadokern am Ende in die Schale zur Creme geben, dann wird sie nicht so schnell braun. Lohnt sich vor allem, wenn ihr etwas Creme übrig habt und aufhebt.

IRINAS
Love Note

Passend als Dessert,
zum Porridge oder aufs Brot

Streusel Käsekuchen

Zutaten für die Streusel & den Boden:

100 g brauner Zucker
200 g kalte Butter
200 g Dinkelmehl und 100 g Buchweizenmehl
1 Ei

Zutaten für die Füllung:

500 g Magerquark
1 Päckchen Vanillepudding Pulver
2 Eier
Prise Bourbon Vanille
100 g brauner Zucker
150 g weiche Butter

So gehts:

Alle Zutaten in einem Mixer fein mixen. Anschließend eine runde Backform ausfetten. Die Hälfte der Streusel in der Form zu einem Kuchenboden zerdrücken.

Zubereitungshinweis:

Ich habe auf dem Boden noch grobe Haferflocken verteilt.

Zubereitung der Füllung:

Alle Zutaten in einen Mixer geben und zu einer Creme pürieren. Anschließend auf den Boden geben und mit der anderen Hälfte der Streusel bedecken. In einem vorgeheizten Backofen bei 200°C Ober-/Unterhitze für ca. 40 Minuten backen.

Hinweis:

Dazu passt wunderbar die süße Avocadocreme.

PS: mit gutem Gewissen lässt sich diese Kapha-Köstlichkeit besser verdauen ☺.

IRINAS
Love Note

Muss es immer ohne Zucker, vegan oder ayurvedisch sein? Nein, natürlich nicht! Auch ich backe gern „traditionell oder klassisch", achte aber dennoch auf die gesundheitsbewusste Variante. Statt Weizenmehl habe ich halb Dinkel-, halb Buchweizenmehl verwendet. Rohrzucker statt weißem Zucker und generell weniger als angegeben. Bourbon Vanille statt Vanillin und Magerquark statt Vollfett (da genug Butter drin ist).

Apfel-Müsli Auflauf

Zutaten:

150 g Nussmüslimischung deiner Wahl
1 EL Leinsamen
250 g pflanzlicher Joghurt
3 Eier
3 Äpfel
1 Prise Salz
Prise Zimt und Vanille
2 EL Rohrzucker
Puderzucker nach Belieben

So gehts:

Die Müslimischung mit dem Joghurt und den Leinsamen mischen und für 20 Minuten quellen lassen. Eier trennen und Zucker mit einer Prise Salz zum Eigelb geben. Alles gut verrühren. Eiweiß anschließend schaumig schlagen. Alles zur Müslimischung geben und den Backofen auf 180°C Ober-/Unterhitze vorheizen. Eine Springform fetten und die Mischung in die Form geben.

Die Äpfel schälen, entkernen und in Spalten schneiden. Die Apfelspalten auf dem Teig verteilen und anschließend Zimt, Vanille und ggfs Rohrzucker dazugeben. Den Müsli Auflauf für ca. 25 Minuten backen. Nach Bedarf mit Puderzucker servieren.

IRINAS
Love Note

Schon mal einen
Apfel-Müsli Auflauf probiert?

Ich liebe Müsli mit Obst. Ayurveda bevorzugt die warme Variante à la Porridge und bloß nicht Obst mit Milch oder Joghurt mischen! Ich probiere gerne mal was Neues aus.

Arabische Dattelcreme

Pures Rasayana!

Zutaten:

150 g Datteln
150 ml Wasser
100 g Kokosjoghurt
20 g geröstete Mandeln
Zimt
Vanille

So gehts:

Datteln mit Wasser für ca. 5 Minten aufkochen lassen und anschließend mit den restlichen Zutaten zu einer creme pürieren.

Hinweis:

Die Mengen können nach Belieben angepasst werden.

IRINAS Love Note

Als ich 2007/2008 mein Auslandssemester in Dubai verbrachte habe, habe ich das „Brot der Wüste" für mich entdeckt. Das süße Geschenk aus dem Orient hat einen hohen Zucker- und somit Kaloriengehalt. Datteln machen als gesunder Snack für zwischendurch nicht nur lange satt, sie liefern auch wertvolle Mineralstoffe wie Magnesium, Kalium, Kalzium und B-Vitamine. Im Ayurveda steht Rasayana für die Förderung der Lebensenergie. Und das geschieht nicht nur über materielle Substanz. So ist mit viel Gesundheitsbewusstsein und Vorfreude diese selbstkreierte Dattelcreme entstanden.

Lebkuchen Love

Zutaten:

200 g Vollrohrzucker

40 g Pflanzenöl

2 mittelgroße Bio Eier

1 TL gemahlene Orangenschale

15 g Lebkuchengewürz

1 EL Kakaopulver, entölt

200 g gemahlene Mandeln

80 g Apfelsirup, oder ein anderer

1/2 TL Steinsalz

300 g Dinkelmehl

150 ml angerührter Getreidekaffee

So gehts:

Den Getreidekaffee anrühren und abkühlen lassen. Das Öl mit dem Zucker verrühren, dann die Eier unterrühren und den flüssigen Sirup dazugeben.

Die Mandeln, Lebkuchengewürz, Kakao, Salz und das Orangenpulver ebenfalls unterrühren. Die kalte Kaffeemischung im Wechsel mit dem Mehl unter die Masse mengen.

Den Lebkuchenteig in eine Schüssel geben und mindestens zwei Stunden ruhen lassen. Je länger desto besser. Idealerweise über Nacht im Kühlschrank.

Den Ofen auf 180°C Ober-/Unterhitze vorheizen und ein Blech mit Backpapier auslegen. Den Lebkuchenteig mit Hilfe eines Schabers ausstreichen und für ca. 15 Minuten backen.

Lebkuchen abkühlen lassen und in gleichmäßige Stücke schneiden, optional Zartbitterschokolade schmelzen und die Lebkuchen damit überziehen.

Salate

Rote Bete Carpaccio

Zutaten:

3 Knollen gekochte Rote Bete
(am besten schmeckt sie frisch gekocht)
½ Granatapfel
2 große rote Zwiebeln
1 EL Ghee
5 Nelken
1 Sternanis
2 EL Apfelessig
4 EL Apfelsaft
Eine Handvoll Rosinen
Eine Handvoll Rucola

Zum Abschmecken:

2 EL Olivenöl
1 EL Apfelessig
1EL Mandelmus
½ TL Salz
1 TL Ahornsirup
Grießplätzchen oder Rucola, oder beides ;)

Zutaten Dressing:

Pikantes Curry, eine Prise Himalayasalz, ein
Spritzer Limettensaft, 1 EL Olivenöl

So gehts:

Die Knollen schälen und in reichlich Salzwasser gar kochen. Alternativ kannst Du ge-
garte Knollen verwenden.

Alle Gewürze in Ghee, oder Kokosfett mit den
Zwiebelringen und den Rosinen anbraten. Mit
dem Essig und Apfelsaft ablöschen und für
5 Minuten sanft köcheln. Anschließend mit Olivenöl, Salz und Ahornsirup abschmecken.

Die Rote Bete mit einer Reibe, oder einem
Messer in feine Scheiben schneiden. Die Bete
auf einen Teller geben und mit dem Sud beträufeln. Den Rucola waschen und darüber geben.

Zubereitung Dressing:

Pikantes Curry, Himalayasalz, Limettensaft und
Olivenöl vermengen und über das Carpaccio
geben.

IRINAS
Love Note

Das Carpaccio kann man super
kalt oder warm, als Vorspeise oder
als Hauptgang mit anderen Beilagen
essen. Auf der folgenden Seite findet ihr
das Rezept für Grießplätzchen, die eine
perfekte Beilage für das Rote Bete
Carpaccio sind.

Dinkelgrießplätzchen

Mit Nusscreme

Dinkelgrieß Plätzchen:

1/2 l Haferdrink ungesüßt
1,5 TL Salz
1/2 TL Kurkuma
Prise Muskatnuss
20 g Butter, oder eine vegan Alternative
140 g Dinkel-Hartweizengrieß
1 Ei
Kokosöl oder Ghee zum Ausbacken

Dinkelgrieß Plätzchen:

Den Haferdrink Salz, Kurkuma, Muskatnuss und Butter in einem Topf zum köcheln bringen. Den Grieß einrieseln lassen und unter Rühren weiter köcheln, bis ein fester Brei entstanden ist. Den Topf vom Herd nehmen und das Ei zügig und gleichmäßig unterrühren.

Den Brei auf einem mit Backpapier ausgelegtem Untergrund ca 1 cm dick ausstreichen. Mit einem befeuchteten Teigschaber klappt es besonders gut, oder mit angefeuchteten Händen. Nachdem der Teig abgekühlt ist, den Teig mit einer runden Form, je nach Größe zu sechs bis acht Plätzchen ausstechen. Das Öl in einer Pfanne erhitzen und die Plätzchen goldbraun ausbacken.

Zutaten Nusscreme:

2 EL Nussmus (z.B. Cashewmus)
heißes Wasser, ein Spritzer Limettensaft
und eine Prise Salz

Zubereitung Nusscreme:

2 EL Nussmus mit heißem Wasser (je nachdem, wie cremig oder flüssig es sein soll) verrühren, ebenfalls Limettensaft und Salz hinzu geben und über das Carpaccio träufeln.

Warme Salat Toppings

Erfrischendes Topping

Zutaten:

1 Apfel
Eine Prise Zimt
Ein kleines Stück geriebener Ingwer
1 Papaya
Granatapfelkerne
Eine Prise Vanille
Frischen Basilikum
Haselnussmus (optional)
1 TL Kokosöl

So gehts:

Apfel und Papaya schälen, halbieren, entkernen und in kleine Würfel schneiden. In einer Pfanne Kokosöl erhitzen und das Obst mit den Gewürzen kurz andünsten. Anschließend frischen Basilikum und die Granatapfelkerne dazugeben. Das warme Topping auf den Salat geben und nach Bedarf Haselnussmus dazugeben.

Warmes Salat Topping mit Süßkartoffeln

Zutaten:

1 Süßkartoffel
6 Kirschtomaten
Feta nach Bedarf
Zitrone oder Essig
1 EL Olivenöl
Eine Prise Salz
Macadamia Nüsse

So gehts:

Die Süßkartoffel waschen und in kleine Würfel schneiden. Den Backofen auf 180°C vorheizen. Die Süßkartoffelwürfel in eine Auflaufform geben und mit Olivenöl beträufeln. Bei 180°C für ca. 20 – 30 Minuten backen, bis sie weich sind. Nach 15 Minuten Backzeit die Kirschtomaten in den Backofen geben und kurz mitbacken. Mit Zitrone oder Essig und Salz abschmecken. Die Macadamia Nüsse grob hacken. Die gebackene Süßkartoffel, Kirschtomaten und Nüsse auf den Salat geben und nach Bedarf Feta dazugeben.

IRINAS
Love Note

Es muss ja nicht immer ein kalter Salat sein. Vor allem diejenigen, die viel Vata oder Kapha in sich tragen, können etwas Wärme im Salat sehr gut gebrauchen. Insgesamt sollten rohe Salate immer nur Beilagen zu einer warmen Mittagsmahlzeit sein, denn abends genossen ist er weniger gut verdaulich.

Suppen

Rote-Bete-Apfel-Suppe

Zutaten für 4 Personen:

500 g Rote Bete
200 g Kartoffeln
1 mittelgroßer Apfel
1 Zwiebel
1 cm - Stück Ingwer
2 EL Olivenöl
1 EL Garam Masala
3 Stängel Thymian
1 l Gemüsebrühe
200 ml Pflanzensahne
1 Prise Chilipulver
Apfelchips
Salz und Pfeffer

So gehts:

Rote Bete, Kartoffeln und Apfel schälen und würfeln. Die Zwiebeln und den Ingwer schälen und würfeln. In einem Topf das Olivenöl erhitzen, Zwiebeln und Ingwer kurz darin anbraten und das Garam Masala dazu geben. Unter Rühren für einen Moment mitrösten.

Die Rote Bete, Kartoffeln, Apfelstücke und Thymianzweige dazu geben und kräftig umrühren. Mit etwas Salz würzen. Mit der Gemüsebrühe ablöschen und bei geschlossenem Deckel auf mittlerer Hitze 20 Minuten sanft köcheln.

Die Thymianzweige entfernen, mit Salz und Pfeffer abschmecken. Zum Servieren die Suppe in Teller füllen, mit der Sahne und einem Thymianzweig garnieren.

Süßkartoffelsuppe

mit Rucola und Basilikum

2 Schalotten
1 walnussgroßes Stück Ingwer
700 g Süßkartoffeln
150 g Möhren
Eine Handvoll Basilikum und Rucola
2 EL Ghee oder Kokosöl
1 TL Kreuzkümmel gemahlen
1 TL Kurkuma
1 l Gemüsebrühe
1 Msp. Asafoetida
Steinsalz und Pfeffer
Kokosmilch zum Verfeinern
Olivenöl und Zitronensaft
Süßkartoffelchips

So gehts:

Schalotten, Ingwer, Süßkartoffeln und Möhren schälen. Süßkartoffeln, Möhren und Schalotten grob würfeln. Ingwer fein hacken. Die Stängel vom Basilikum fein hacken.

Schalotten, Ingwer und Basilikumstängel im Öl glasig dünsten. Dann den Kreuzkümmel, Asafoetida und Kurkuma darin kurz mitrösten. Gewürfelte Süßkartoffeln und Möhren zufügen und mit andünsten. Die Gemüsebrühe zufügen und aufkochen. Bei geschlossenem Deckel ca. 20 Minuten sanft köcheln. Den Topf vom Herd nehmen und mit einem Pürierstab oder Blender zu einer cremigen Suppe pürieren. Mit Salz, Pfeffer und Kokosmilch verfeinern.

Basilikum und Rucola waschen und mit etwas Olivenöl, Salz, Pfeffer und Zitronensaft anmachen.

Die Suppe in Schüsseln füllen, mit dem Rucola und Basilikum garnieren und ein paar Süßkartoffelchips dazu geben.

Maronencreme-Suppe

mit Räuchertofu und Petersilie

Zutaten für 4 Personen:

2 Schalotten
100 g Räuchertofu
2 EL Ghee oder Kokosöl
400 g Maronen (vakuumverpackt)
2 Zweige Rosmarin (Nadeln abgezupft)
2 Zweige Thymian (Blättchen abgezupft)
500 ml Gemüsebrühe
1 Lorbeerblatt
100 ml Pflanzensahne
Steinsalz und Pfeffer
Muskatnuss
Etwas frische Petersilie

So gehts:

Die Schalotten schälen. Schalotten und Räuchertofu würfeln und in dem Fett andünsten. Maronen, Rosmarinnadeln und Thymianblättchen dazugeben und unter Rühren für einige Minuten anrösten. Mit der Gemüsebrühe ablöschen, das Lorbeerblatt dazu geben und bei kleiner Hitze ca. 15 Minuten köcheln lassen, ab und zu umrühren.

Das Lorbeerblatt entfernen und die Suppe fein pürieren. Die Sahne unterrühren und mit Salz, Pfeffer und Muskatnuss abschmecken.

In eine Schüssel geben und mit frischer Petersilie garnieren.

Süßkartoffel-Mango-Suppe

Nach Inspiration von Volker Mehl

Zutaten für 2 Personen:

1 große Süßkartoffel (ca. 400 g)
1/2 Bund Frühlingszwiebeln
1 kleines Stück Ingwer
1 EL Sesamöl
1 TL süßes Currypulver
1/2 TL scharfes Currypulver
400 ml Gemüsebrühe
100 ml Kokosmilch
150 ml Mangosaft oder stattdessen frische Mango
1 TL Salz
½ TL Pfeffer

So geht's:

Süßkartoffeln schälen und in Würfel schneiden. Frühlingszwiebeln grob schneiden. Ingwer schälen und fein schneiden.

Das Sesamöl in einem großen Topf erhitzen. Süßkartoffeln, Frühlingszwiebeln und Ingwer kurz darin anbraten. Currypulver zugeben und unterrühren. Gemüsebrühe, Kokosmilch und Mangosaft zugießen. Suppe kurz aufkochen und zugedeckt ca. 15 Minuten köcheln lassen.

Die Suppe mit einem Stabmixer grob pürieren. Mit Salz und Pfeffer abschmecken.

IRINAS
Love Note

Das ist eins der Lieblingsspeisen meiner Tochter Louisa.

Mangold-Spinat-Suppe

mit Kokosmilch und Gewürzen

Zutaten für 4 Personen:

2 Schalotten
1 walnussgroßes Stück Ingwer
350 g Spinat
350 g Mangold
200 g Kartoffeln
2 EL Ghee oder Kokosöl
1 l Gemüsebrühe
1 TL Kreuzkümmel, gemahlen
1 TL Koriander, gemahlen
1/2 TL Bockshornklee, gemahlen
1 Msp. Asafoetida
Kokosmilch zum verfeinern
Steinsalz und Pfeffer
Einige frische Kräuterblätter zum garnieren

So gehts:

Schalotten und Ingwer schälen und fein würfeln. Kartoffeln schälen und grob würfeln. Den Mangold und Spinat gründlich waschen und grob zerteilen.

Das Öl in einem Topf erhitzen, die Gewürze darin für zwei Minuten anbraten und Zwiebeln und Ingwer dazugeben. Für weitere zwei Minuten rösten.

Nun die Kartoffeln und das Gemüse zufügen und kräftig umrühren. Mit der Gemüsebrühe ablöschen und aufkochen. Bei geschlossenem Deckel ca. 20 Minuten sanft köcheln. Den Topf vom Herd nehmen und mit einem Pürierstab oder Blender zu einer cremigen Suppe pürieren. Mit Salz, Pfeffer und Kokosmilch verfeinern.

Die Suppe in Schüsseln füllen, mit ein paar Tropfen Kokosmilch und einigen Kräuterblättern garnieren und servieren.

Rote-Bete-Steckrüben-Oregano-Suppe

Zutaten für 4 Personen:

500 g Rote Bete
500 g Steckrüben
1 Zwiebel
Eine Handvoll frischer Oregano,
plus etwas mehr zum Garnieren
2 EL Kokosöl
2 TL gemahlener Koriander
1 TL Garam Masala
1 l Gemüsebrühe
Salz und Pfeffer
Muskatnuss

So gehts:

Die Rote Bete und die Steckrüben schälen und grob würfeln. Die Zwiebel schälen und fein hacken. Die Stängel vom Oregano trennen und fein hacken. Das Öl in einem Topf erhitzen und die Zwiebeln und Oreganostängel glasig dünsten. Den gemahlenen Koriander und Garam Masala dazu geben, kurz anrösten.

Nun die Gemüsestücke unter Rühren für einige Minuten mitrösten.

Mit der Gemüsebrühe ablöschen und bei geschlossenem Deckel für 20 Minuten sanft köcheln. Den Topf vom Herd nehmen und die Suppe mit einem Blender oder Pürierstab cremig pürieren. Mit Salz, Pfeffer und Muskatnuss abschmecken und mit einigen Oreganoblättern garnieren.

Brokkolicreme-Suppe mit Granatapfel

Zutaten für 4 Personen:

1 Brokkoli
200 g Lauch
2 Stangen Staudensellerie
1 cm - Stück Ingwer
1 Zwiebel
2 EL Kokosöl
1 TL Kurkuma
1 TL Kreuzkümmelsamen
1 TL Fenchelsamen
ca. 700 ml Gemüsebrühe
1 Bund Petersilie
Salz und Peffer
1 Msp. Asafoetida
1 Granatapfel

So gehts:

Den Brokkoli in kleine Röschen teilen. Den Lauch, Staudensellerie, Ingwer und die Zwiebel fein schneiden. In einem Topf das Öl erhitzen. Kurkuma, Kreuzkümmelsamen, Fenchelsamen scharf anbraten, bis es aromatisch duftet. Nun die Zwiebeln und den Ingwer dazu geben und kurz mitbraten. Das Gemüse dazugeben und mit der Gemüsebrühe ablöschen.

Für 15 Minuten sanft köcheln lassen. Die Petersilie klein hacken und in den Topf geben. Die Suppe vom Herd nehmen, fein pürieren und mit Salz, Pfeffer und Asafoetida abschmecken.

Den Granatapfel entkernen und die Suppe mit den Kernen und etwas Petersilie toppen.

Pastinaken-Mango-Suppe

mit Kokosmilch, Petersilie und scharfem Curry

Zutaten für 4 Personen:

1 Zwiebel
1 cm - Stück Ingwer
3 Pastinaken
1 Mango
(oder ein Päckchen getrocknete Mango)
2 EL Ghee oder Kokosöl
2 TL Curry
2 TL Garam Masala
1/4 TL Chiliflocken
400 ml Kokosmilch
300 ml Gemüsebrühe
150 g passierte Tomaten
Salz und Pfeffer
Koriandergrün

So gehts:

Die Zwiebeln und den Ingwer schälen und fein hacken. Die Pastinaken und die Mango schälen und würfeln.

Das Fett in einem Topf erhitzen. Curry, Garam Masala und Chiliflocken kurz anrösten, dann die Zwiebeln und den Ingwer in dem Masala glasig dünsten. Pastinaken und die Mangostücke zugeben, umrühren und mit der Kokosmilch und der Gemüsebrühe ablöschen. Tomaten zufügen und bei mittlerer Hitze für 20 Minuten köcheln.

Den Topf vom Herd nehmen und die Suppe cremig pürieren. Mit Salz und Pfeffer würzen, mit dem Koriandergrün und etwas Mango garnieren und servieren.

Chili sin Carne Eintopf

Zutaten für 4 Personen:

1 Zwiebel
1 Knoblauchzehe
3 EL Olivenöl
150 g festkochende Kartoffeln
1 Dose Kidneybohnen (400g)
1 Dose Mais (340g)
700 g passierte Tomaten
100 ml Wasser
1/2 TL Chilipulver
1 EL Paprikapulver
1/4 TL Zimt
2 EL italienische Kräuter
1 EL brauner Zucker

So gehts:

Die Zwiebeln und den Knoblauch schälen und fein hacken und im Olivenöl glasig dünsten. Kartoffeln schälen und in ca. 1 cm große Stücke schneiden und kurz mitbraten. Kidneybohnen und den Mais abtropfen und in den Topf geben. Die passierten Tomaten, Wasser und restlichen Gewürze unterrühren und alles ca. 20 Minuten köcheln. Mit Salz und Pfeffer abschmecken und frischen Kräutern anrichten.

Agni
INFO

Kidney Bohnen sind nicht für jedermann leicht verdaulich, darum empfiehlt es sich, dieses Gericht eher zu Mittag als zu Abend zu essen.

Hauptspeisen

Zucchiniauflauf mit Feta & Walnüssen

Eingebettet in eine cremige Rote Bete Suppe

Zutaten für den Auflauf:

1 EL Ghee
3-4 Zucchini
Salz und Pfeffer nach Belieben
Eine Handvoll gehackte Walnüsse
1 EL Rohrzucker
Ein Spritzer Limettensaft
Olivenöl nach Belieben
250 g Schafskäse/Feta
je 1/2 TL Kreuzkümmelpulver,
Korianderpulver, Zimt, Ingwerpulver
Koriander oder frische Petersilie (optional)

Zutaten für die Rote Bete Suppe:

3-4 Rote-Bete-Knollen
1 rote Zwiebel
3 EL Kokosöl oder Ghee
1 TL Kreuzkümmel
600 ml Gemüsebrühe
Salz und Pfeffer

So gehts:

Zuerst die Auflaufform mit dem Ghee einfetten. Den Ofen auf Ober-/Unterhitze 200°C vorheizen. Zucchini in kleine Würfel schneiden und anschließend mit Salz/Pfeffer und Gewürzen bestreuen. Die gehackten Walnüsse in einer Pfanne ohne Öl kurz anrösten. Die Walnüsse mit dem Zucker über die Zucchiniwürfel geben. Anschließend mit einem Löffel verrühren und Olivenöl nach und nach dazugeben. Feta mit den Händen zerbröseln auf die Zucchini geben. Dann im Ofen für ca. 20 Minuten backen. Zum Schluss mit frischen Kräutern garnieren.

Hinweis:

Dieser Auflauf passt wunderbar zur Roten Bete Suppe oder zu einem Getreide wie z.B. Reis.

Zubereitung Rote Beete Suppe:

Die Rote Bete schälen und in Stücke schneiden. Die Zwiebel schälen und fein hacken. Das Fett in einem Topf erhitzen und die Zwiebeln darin glasig dünsten. Den Kreuzkümmel untermengen und die Gemüsestücke kurz scharf darin anbraten. Nun mit der Gemüsebrühe ablöschen und ca. 20 Minuten gar köcheln. Mit einem Pürierstab pürieren und mit Salz und Pfeffer abschmecken.

Süßkartoffel-Curry mit Kürbis

Zutaten:

2 große Süßkartoffeln
Ein kleiner Kürbis nach Wahl
Gewürze nach Wahl, zum Beispiel
Kreuzkümmel, Zimt, Asafeotida, Kardamom,
Koriander
Eine rote Zwiebel
1 EL Kokosöl
1 TL Currypaste (oder Pulver)
200 ml Kokoscreme oder Kokosmilch
200 ml Wasser
Salz und Pfeffer nach Belieben
Limettensaft
Frische Kräuter (Petersilie/Koriander)

So gehts:

Die Süßkartoffeln und den Kürbis in kleine Würfel schneiden, in eine Auflaufform geben und für ca. 15 Minuten bei 200°C im Backofen vorbacken. Anschließend die Gewürze dazugeben. Zwiebel schälen und fein hacken. In einer Pfanne das Kokosöl erhitzen und Zwiebel, sowie das Curry hinzufügen. Kokoscreme mit Wasser einrühren und köcheln lassen. Das Gemüse dazugeben. Anschließend mit Salz, Pfeffer und Limettensaft abschmecken. Die frischen Kräuter fein hacken und dazugeben.

Hinweis:

Das Curry schmeckt auch nur mit Süßkartoffeln oder Möhren gemischt.

Kichererbsenmehl Fladen

Zutaten:

200 g Kichererbsenmehl
400 ml Wasser
2 EL Olivenöl
½ TL Kreuzkümmelpulver
Prise Asafoetida (optional)
Frische Kräuter (optional)
Etwas Öl zum Ausbacken

So gehts:

Für den Teig Zutaten miteinander verrühren. Den Teig anschließend 1-2 Stunden quellen lassen. Den Teig nach und nach in eine beschichtete Pfanne geben und von beiden Seiten goldbraun backen. Wrap befüllen, z.B. mit dem Kürbisgericht von Seite 163 oder einer Gemüse-Pfanne nach Wahl und Basilikum.

Avocadocreme

Zutaten:

1 Avocado
1 EL Zitronensaft
1 EL Frischkäse
Frischer Dill nach Geschmack
Salz und Pfeffer

So gehts:

Das Fruchtfleisch der Avocado mit den weiteren Zutaten zu einer leckeren Creme verarbeiten und mit Salz und Pfeffer abschmecken.

Gebackener Kürbis mit Feigen

Zutaten:

1 kleiner Hokkaido-Kürbis
5 frische Feigen (oder mehr)
Eine Handvoll Kürbiskerne
Kürbiskernöl nach Belieben
Frische Kräuter nach Belieben
Eine Prise Rohrzucker
(auf die Feigen)
Olivenöl
Gewürze nach Wahl, zum Beispiel Ingwer,
Kürbisgewürz, Koriander, Salz, Pfeffer
2 EL Sojasauce

So gehts:

Hokkaido entkernen und in Scheiben schneiden. Feigen ebenfalls in Scheiben schneiden. Den Kürbis und die Feigen mit Gewürzen, Kräutern, Sojasauce, Kürbiskernen, Rohrzucker und dem Öl vermengen und anschließend bei 200°C Ober-/Unterhitze für 25 Minuten im Backofen backen.

Hinweis:

Hierzu passt der Hummus von Seite 199 hervorragend.

Super geeignet als Abendessen, da es ein leichtes und nicht so umfangreiches Gericht ist. Als Mittagsmahlzeit evtl. noch mit einer soßigen Gemüsepfanne und einem Beilagensalat kombinieren.

Vata-Herbstauflauf

Zutaten:

1 EL Pflanzenöl (für die Auflaufform)
350 g Hokkaido-Kürbis
250 g Pastinake und Möhre gemischt
50 g Cranberries
Salz und Pfeffer
Gewürze nach Wahl zum Beispiel
Ingwerpulver, Curry, Kürbisgewürz
1 TL Curry, 1 TL Cumin, 1 Msp. Chili
300 ml Hafercreme
30 g feine Haferflocken
Zwei Handvoll frische Petersilie
50 g Walnüsse
30 g Kürbiskerne
Kürbiskernöl zum Toppen (optional)

So gehts:

Kürbis, Pastinaken und Möhren reiben oder in einer Küchenmaschine zerkleinern. Eine Auflaufform einfetten und das geriebene Gemüse mit den Cranberries vermengen, mit Salz und Pfeffer abschmecken und in die Auflaufform geben. Gewürze, Hafercreme, Haferflocken und die Petersilie vermengen, mit Salz und Pfeffer abschmecken und über das Gemüse geben. Walnüsse und Kürbiskerne untermengen.

Den Auflauf bei 200°C bei ca. 40 Minuten backen, bis das Gemüse weich ist.

Gefüllter Kürbis mit Quinoa

Zutaten:

1 Hokkaido-Kürbis
2 Tassen Quinoa
4 Tassen Wasser
Salz und Pfeffer
3 EL Schmand
Frische Kräuter (z.B. Petersilie)
Ziegenfeta (optional)
Gewürze nach Wahl, zum Beispiel
Kürbisgewürz, Curry, Koriander,
Zimt, Asafoetida

So gehts:

Den Backofen auf 180 Grad Ober und Unterhitze vorheizen. Den Kürbis waschen, halbieren und entkernen und für 30 Minuten backen.

Für die Füllung: Quinoa waschen und mit der doppelten Menge Wasser und Salz aufkochen. Sobald der Kürbis weich und etwas abgekühlt ist, das Fruchtfleisch vorsichtig entfernen. Anschließend den Quinoa mit dem Kürbisfruchtfleisch und dem Schmand vermengen und die Gewürze dazugeben. Als Topping kannst du Gewürze, Feta, frische Kräuter und/oder Nüsse nach Belieben wählen.

Anschließend den Kürbis mit der Füllung nochmals für ca. 15 Minuten in den Ofen geben.

Glutenfreie Kürbis-Quiche

Zutaten Boden:

ca. 150 g Buchweizenmehl
ca. 60 g kühlschrankkalte Butter
1 TL Salz
3 EL Leinsamen
1/2 TL Backpulver
Wasser nach Belieben,
damit sich die Masse gut verbindet.

Zutaten Füllung:

ca. 300 g Hokkaido-Kürbis
2 Schalotten
Olivenöl
3 Eier
200 g Schmand oder Frischkäse
Salz und Pfeffer, Gewürze nach Belieben
Kürbiskerne und Kräuter zum Garnieren

So gehts:

Alle Zutaten in eine Schüssel geben und zu einem Teig vermengen. Anschließend in eine Quicheform geben und mit den Fingern in die Form drücken. Den Teig leicht mit einer Gabel einstechen. Den Boden für ca. 10 Minuten bei 200°C backen.

Zubereitung der Füllung:

Den Kürbis raspeln und die Schalotten schälen und fein hacken. Olivenöl in einer Pfanne erhitzen und den Kürbis und die Schalotten für ca. 10 Minuten anbraten. Anschließend die restlichen Zutaten unterheben und mit den Gewürzen, Salz und Pfeffer abschmecken und über den Quicheteig geben.

Im vorgeheizten Backofen, bei 180°C Umluft für 20 Minuten backen.

Zuletzt die Quiche mit den Kürbiskernen und frischen Kräutern garnieren.

IRINAS
Love Note

Den Boden habe ich nach einer Inspiration von der lieben @fraujanik gemacht, diesmal nur mit reinem Buchweizenmehl und am Vorabend gebacken.

Vegetarische Pfannkuchen-Lasagne

Zutaten Pfannkuchen:

200 g Buchweizenmehl
350 ml Wasser
1 TL Steinsalz
frische Kräuter, zum Beispiel
Petersilie und Thymian
Salz
Kokosöl

So geht's:

Für die Pfannkuchen das Mehl und Wasser, sowie frische Kräuter und Salz zu einem Teig verarbeiten. Kokosöl in einer Pfanne erhitzen und vier Pfannkuchen daraus braten. Beiseite stellen.

Zutaten Füllung:

50 g geröstete Mandelplättchen
150 g Ziegenfeta
150 g Blattspinat
150 g Frischkäse
50 ml Milch
1 TL Salz
Pfeffer
Muskatnuss
Nach Belieben weitere Gewürze zum Beispiel
Kreuzkümmel, Garam Masala, Kräuter

Zubereitung Füllung:

Die Mandelplättchen rösten, den Feta zerbröseln und beiseite stellen. Den Spinat waschen und klein hacken. Dann alle Zutaten bis auf den Feta zu einer Füllung verarbeiten. Mit Salz, Pfeffer und Muskatnuss abschmecken.

Nun den ersten Pfannkuchen in eine Auflaufform legen, mit der Spinatmischung bestreichen und mit dem Feta bestreuen. Nun abwechselnd schichten und mit dem Feta abschließen.

Im vorgeheizten Backofen bei 180°C ca. 20 Minuten backen.

Quinoa-Pilz-Pfanne

Zutaten:

1 Zucchini
200 g Champignons
2 EL Kokosöl oder Ghee
2 EL gemischte Gewürze
(z.B. Kreuzkümmelsamen,
Koriander, Garam Masala)
Salz
100 g Quinoaflocken
400 ml Mandelmilch
Mango-Chili-Gewürz
Frische Petersilie

So geht's:

Zucchini und Pilze klein schneiden. Öl in einer Pfanne erhitzen und das Gemüse mit den Gewürzen kurz anrösten. Mit etwas Wasser ablöschen und nach Belieben salzen.

Zum Schluss die Quinoaflocken untermischen und mit frischer Petersilie sowie weiteren Gewürzen garnieren. Ich habe hier das Mango-Chilli-Gewürz von Classic Ayurveda verwendet.

Cremige Gemüsepfanne

in Kokos-Erdnussbutter

Zutaten:

Ein walnussgroßes Stück Ingwer,
gerieben (frisch)
Gewürze nach Wahl, zum Beispiel
Kreuzkümmelsamen und weitere Gewürze
2 EL Kokosöl
500 g Gemüse eurer Wahl
200 ml Gemüsebrühe
3 EL Erdnussbutter
300 ml Kokosmilch
Salz und Pfeffer nach Geschmack
Ein Spritzer Limettensaft

So gehts:

Den Ingwer mit den Gewürzen in Kokosöl kurz anbraten. Das kleingeschnittene Gemüse dazugeben und leicht anbraten.

Mit der Gemüsebrühe ablöschen und ca. 10 Minuten köcheln lassen. Anschließend die Erdnussbutter einrühren, mit Kokosmilch ablöschen und weiter rühren. Ca. 5 Minuten auf mittlerer Stufe eindicken lassen.

Salzen und pfeffern nach Geschmack sowie mit Limettensaft verfeinern. Nach Belieben frische Kräuter dazugeben.

Tipp: Als Beilage eignet sich Reis oder Naan.

Agni
INFO

Wenn du Gemüsepfannen kochst, kannst du einfach alles zusammenwerfen, was dir beliebt. Falls du etwas kreativ sein möchtest, such dir von jeder Farbe ein Gemüse aus (rot, orange, grün, gelb, blau, lila).

Süßkartoffeln aus dem Ofen

1 große Süßkartoffel
1 Zweig Rosmarin
Kokosöl
Steinsalz

Die Süßkartoffel waschen und halbieren. Mit einem scharfen Messer ein rautenförmiges Muster hinein schneiden.

Den Backofen auf 180°C vorheizen. Die beiden Kartoffelhälften auf ein mit Backpapier ausgelegtes Backblech legen und zunächst für 20 Minuten backen.

Nun die Schnittfläche der Kartoffelhälften mit reichlich Kokosöl einpinseln, salzen, die Rosmarinnadeln darauf verteilen und für weitere 10 bis 15 Minuten backen.

Rote-Bete-Ragout

mit Apfel und Kichererbsen

Zutaten:

Je ½ TL Kreuzkümmelsamen, Fenchelsamen,
Etwas Garam Masala und Ingwerpulver
sowie 3 Pimentkörner
1 EL Kokosöl zum Anbraten
400 g vorgekochte Rote Bete,
klein geschnitten
1 Apfel, geschält und geschnitten
400 ml Kokosmilch
250 g Kichererbsen (eingelegt im Glas)
Asafoetida nach Belieben
(ist sehr intensiv im Geschmack)
2 TL Kokosraspel
2 EL Chashewmus
Salz und Pfeffer nach Geschmack
Ein Spritzer Limettensaft

So gehts:

Alle Gewürze im Kokosöl anbraten. Rote Bete hinzugeben und mit etwas Wasser ablöschen. Auf niedriger Stufe köcheln lassen. Dann den Apfel hinzugeben.

Alles mit der Kokosmilch ablöschen und Kichererbsen sowie Asafoetida hinzufügen. Kokosraspel und Cashewmus nach Belieben dazugeben.

Mit Salz, Pfeffer und Limettensaft abschmecken und ca. 5 weitere Minuten köcheln lassen.

Gemüsepfanne

mit Kokosmilch und Gewürzen

Zutaten:

1 kleiner Fenchel
1 grüne Paprika
1 kleine Zucchini
1 rote Zwiebel
1 cm - Stück frischer Ingwer
2 EL Kokosfett
1 TL gelbe Senfkörner
1 TL Kreuzkümmelsamen
1 TL Zimt
Salz und Pfeffer
150 ml Wasser
Geröstete Cashewkerne
Frische Kräuter

So gehts:

Das Gemüse waschen und in mundgerechte Stücke schneiden. Die Zwiebel schälen und klein hacken, den Ingwer schälen und reiben oder fein schneiden.

Das Fett in einer Pfanne erhitzen und die Gewürze darin kurz rösten. Den Ingwer und die Zwiebeln dazu geben und unter Rühren für ca. zwei Minuten anbraten. Dann das Gemüse in die Pfanne geben und in der Gewürzmischung weiter braten, sodass sich schöne Röstaromen entwickeln. Das Wasser dazu geben und für einige Minuten sanft köcheln.

Auf einen Teller geben, mit gerösteten Cashews und Kräutern garnieren und servieren.

Dieses Pfannengemüse passt super zu Reis, Hirse oder Buchweizen.

IRINAS
Love Note

Mittags wie abends eine leckere und schnelle, sowie gesunde Köstlichkeit: Gemüsepfanne mit Kokosmilch und tollen Gewürzen.

Beides hab ich immer zu Hause und kann so einfach und schnell gesund und lecker kochen, egal mit welchem Gemüse.

Tante Emmer Bowl

Zutaten:

1 EL Hanoisauce
2 EL Sojasauce
2 EL Sesamöl
1 TL Balsamico-Essig
1 TL Schwarzkümmel
Sesam
1 Paket Naturtofu
1 Paket Emmer-Nudeln
1 kleine Möhre
1/2 Salatgurke
1 Avocado
5 EL Mayonnaise
1 Msp. Wasabi-Paste
Salz
1 EL eingelegter Ingwer

So gehts:

In einer Kunststoffschale mit Deckel Hanoisauce, Sojasauce, Sesamöl, Balsamico-Essig und Schwarzkümmel zu einer Marinade vermengen. Den Tofu in ca. 1 cm große Stücke schneiden und in der Marinade, mit geschlossenem Deckel, ziehen lassen. Je länger die Tofuwürfel ziehen, desto intensiver wird der Geschmack.

Die Emmernudeln nach Packungsanleitung zubereiten. Die Möhre, die Gurke und die Avocado schälen und in Stifte schneiden. Die Tofustücke und Möhrenstifte in einer beschichteten Pfanne schön kross anbraten. Die Mayonnaise mit der Wasabipaste vermischen und mit etwas Salz abschmecken.

Die Nudeln auf Teller verteilen. Tofuwürfel, Möhren, Gurke und Avocado dazugeben und mit der Wasabimayo und etwas eingelegtem Ingwer toppen.

IRINAS
Love Note

Improvisation ist...wenn es schnell gehen muss und man nur aus und mit dem kocht, was der Kühlschrank gerade zu bieten hat.

Ofengemüse-Curry mit Buchweizen

Zutaten:

1 rote Zwiebel
1/4 Lauchstange
1/2 kleiner Butternut-Kürbis
2 Möhren
4 Blätter Mangold
Avocado
1 Glas Kichererbsen
4 EL Olivenöl
1 Dose Kokosmilch
2 TL 5-Gewürze-Pulver
Etwas Chilipulver
2 TL Steinsalz
Saft und Abrieb einer halben Limette
1 EL Cashewmus
150 g Buchweizen

So geht's:

Das Gemüse waschen. Zwiebeln, Lauch, Kürbis, Möhren, Mangold, Avocado schälen, klein würfeln und in eine Auflaufform geben. Die Kichererbsen abgießen und untermischen. Alles mit dem Olivenöl beträufeln und vermengen. Die Kokosmilch mit den Gewürzen, Salz, Limettensaft, Abrieb und Cashewmus verquirlen und über das Gemüse gießen. Im vorgeheizten Backofen für 30 Minuten bei 180 °C backen.

Während der Backzeit den Buchweizen nach Packungsangabe zubereiten.

IRINAS
Love Note

Gerade an kalten, windigen oder besonders stressigen Tagen bevorzuge ich warme, erdende Speisen. Das tut meinem Vata sehr gut.

Mangold-Zucchini-Pfannengemüse

Zutaten:

5 Stiele Mangold
1 kleine Zucchini
½ Zwiebel
2 EL Olivenöl
2 EL Oriental-Italian-Gewürzmischung
1 TL Fenchelsamen, 1 TL Cuminsamen und
1 TL Curry
50 ml Wasser
Salz oder Sojasauce
Ein Schuss Ahornsirup
frischer Koriander
Sesam, geröstet

So geht's:

Das Gemüse waschen und in mundgerechte Stücke schneiden. Die Zwiebel schälen und klein hacken. Das Öl in einer Pfanne erhitzen und die Zwiebel darin glasig dünsten. Nun die Gewürze zugeben und umrühren. Es wird köstlich duften.

Jetzt das Gemüse untermengen und scharf anbraten, bis es braune Stellen ansetzt. Das Wasser und die Sojasauce hinzu geben und mit dem Ahornsirup abschmecken.

Das Pfannengemüse passt super zu Sushireis.

Kartoffel-Kürbis Gemüsegratin

Zutaten:

4 große Kartoffeln
½ kleiner Hokkaido-Kürbis (alternativ:
Möhre oder Pastinake)
6 Datteln (klein geschnitten)
Gewürze nach Wahl
Kürbiskernöl

Für die Sauce:

250 ml Hafercreme oder eine Alternative
2 Eier
frische Kräuter
Salz
Pfeffer
Muskat
Gewürze nach Wahl

So gehts:

Die Kartoffeln und den Kürbis (oder Gemüse nach Wahl) in feine Scheiben schneiden und in einer Auflaufform abwechselnd schichten. Mit etwas Salz bestreuen.

Zubereitung Sauce:

Hafercreme, zwei Eier, reichlich frische Kräuter, Salz, Pfeffer und Muskat vermengen. Füge gerne noch Gewürze hinzu, die du magst. Der Fantasie sind keine Grenzen gesetzt.

Das Gratin für ca. 30 Minuten im vorgeheizten Backofen bei 180°C backen und anschließend mit frischen Kräutern und Kürbiskernöl garnieren.

Vegetarische Zucchini-Lasagne

Zutaten:

2 mittelgroße Zucchini
1 kleine Dose Mais
1 kleine Dose Kidney-Bohnen
1 rote Zwiebel
2 EL Italienische Kräuter
100 g Schmand
1 Dose stückige Tomaten
Cashewmus
Frische Basilikum-Blätter
Etwas Mozzarella (oder anderen Käse)
zum Überbacken

So gehts:

Die Zucchini mit einer Reibe längs in breite Streifen schneiden und zur Seite legen. Die Zwiebel klein schneiden und andünsten. Mais, Bohnen, italienische Kräuter, Schmand und Tomatenstücke hinzugeben und ein paar Minuten kochen.

Die Auflaufform einfetten und mit Zucchini-Streifen auslegen. Eine Schicht Gemüse-Soße und anschließend einen EL Cashewmus grob verteilt darüber geben. Mehrere Schichten bilden und zuletzt Käse oben draufgeben. Im vorgeheizten Backofen bei 180°C Ober-/Unterhitze ca. 20 Minuten backen.

Cremiger Süßkartoffel-Dal mit Mangold

Zutaten:

125 g rote Linsen
750 ml Wasser
1 ½ TL Salz
250 g Süßkartoffeln
150 g Mangold
2 EL Ghee oder Kokosöl
1 TL schwarze Senfsamen
1 TL gemahlener Kreuzkümmel
1 TL gemahlener Koriander
1 TL Kurkuma
Salz und Pfeffer

So gehts:

Die roten Linsen gründlich waschen und über Nacht, mindestens aber für sechs Stunden, einlegen.

Das Wasser aufsetzten und salzen. Die Linsen ins kochende Wasser geben und 10 Minuten köcheln. Den Schaum abschöpfen. Bei mittlerer Temperatur weitere 10 Minuten köcheln. Das Gemüse in der Zwischenzeit waschen und in grobe Stücke schneiden und zu den Linsen geben. So lange kochen, bis das Gemüse gar ist.

Das Fett in einem Topf erhitzen und die Gewürze inkl. Senfsamen darin rösten. Nun die gerösteten Gewürze in das Dal einrühren, mit Salz und Pfeffer abschmecken und heiß servieren.

Hinweis:

Dal sollte man immer erst zum Schluss salzen, da die Linsen sonst schwieriger weich werden. Vor allem bei gelben Mungbohnen ist das wichtig.

Kürbis-Apfel-Ragout

mit Spinat und Erdnuss-Crunch-Sauce, dazu Hirse in Kokos

Zutaten:

1 Tasse Hirse
Kokosmilch
1 kleiner Hokkaido-Kürbis
1 rote Zwiebel
1 TL Kreuzkümmel (Pulver)
½ TL Zimt
2 TL mildes Currypulver
Etwas Cayennepfeffer
Frischer, geriebener Ingwer
2-3 Tassen Wasser zum Ablöschen
2 EL Tomatenmark
2 säuerliche Äpfel, z.B. Boskop
Zwei Handvoll frischer Spinat
2 EL Crunchy-Erdnussmus
zum Mischen mit heißem Wasser
frische Kräuter (Koriander oder Petersilie)

So gehts:

Die Hirse mit Salz und der doppelten Menge Kokosmilch kochen. Den Kürbis entkernen, dann würfeln und mit der Zwiebel und den Gewürzen in Kokosöl anbraten. Mit Wasser ablöschen und das Tomatenmark dazugegeben. Alles für ca. 10 Minuten köcheln lassen. Anschließend den gewürfelten Apfel und Spinat dazu.

Nach Geschmack salzen und nachwürzen. Zuletzt die angerührte Erdnuss-Crunchcreme und die frischen Kräuter dazugeben.

Buntes Ofengemüse

Zutaten für die Marinade:

Salz
Hingvashtak
(ayurvedische Gewürzmischung mit u.a.
Ingwer, langem Pfeffer
und Kreuzkümmel)
250 ml Olivenöl
50 ml Wasser
1 EL Ahornsirup
1 EL Sojasauce
2 EL Tahini
frischer Koriander

Zutaten:

2 kg gemischtes Gemüse, z.B.
Kürbis
Fenchel
Zucchini
Chicorée
Rosinen

So gehts:

Zubereitung Marinade:

Alle Zutaten für die Marinade mit einem Mixer zu einer cremigen Flüssigkeit pürieren. Um dem Chicoreé die Bitterkeit zu nehmen, habe ich einen Esslöffel Ahornsirup und Sojasauce dazugegeben und zuvor eingeweichte Rosinen.

Zubereitung Ofengemüse:

Das Gemüse waschen und in mundgerechte Stücke schneiden. In eine Ofenform geben. Mit der Marinade vermengen und bei 200°C Umluft für insgesamt 35 Minuten backen. Nach 20 Minuten das Gemüse nochmals durchmischen und für weitere 15 Minuten backen.

Mit frischem Koriander dekorieren - lecker.

Hummus mit Rucola und Basilikum

Zutaten:

400 g eingelegte Kichererbsen aus dem Glas
Eine gute Hand voll Basilikumblätter
Eine gute Handvoll Rucola, ein paar hübsche
Blätter für die Deko aufbewahren
2 EL Tahini
2 EL Olivenöl, plus etwas mehr zum Toppen
2 EL Wasser
1 TL Kreuzkümmel, gemahlen
Frisch gemahlener, schwarzer Pfeffer nach
Geschmack
Saft einer halben Bio-Zitrone
Eine gute Messerspitze Asafoetida

So gehts:

Die Kichererbsen abtropfen, waschen und in ein hohes Gefäß füllen. Basilikum und Rucola ebenfalls waschen und zu den Kichererbsen geben. Nun die restlichen Zutaten dazugeben und mit dem Pürierstab zu einem cremigen Hummus mixen. Alternativ kannst du natürlich auch einen Blender benutzen.

Zum Schluss alles in eine Schüssel füllen, mit ein paar Rucolablättern garnieren und etwas Olivenöl drüber träufeln.

Hinweis:

Zusätzliche Gewürzmischung aus Volker Mehls Workshop für den Hummus: ganzer Kreuzkümmel, ganzer Pfeffer, ganzer Anis, ganze Koriandersamen. Alle Gewürze frisch mörsern und dann kurz in einer Pfanne trocken rösten.

Alle Infos zum Kochworkshop mit Volker Mehl auf Seite 222.

Buchweizen Gemüsepfanne

Zutaten:

150 g Buchweizen
300 g Brokkoli
300 g Kohlrabi
Wasser
1 TL Kreuzkümmel
1/2 TL Schwarzkümmel
1/2 TL gemahlener Ingwer
1 TL gemahlener Koriander
2 TL Currypulver
2 EL Ghee oder Kokosöl
2 EL Tomatenmark
400 ml Kokosmilch
100 ml Wasser
Salz, Pfeffer
Zitronensaft

So geht's:

Den Buchweizen nach Packungsanleitung kochen. Brokkoli und Kohlrabi in mundgerechte Stücke schneiden. Reichlich Salzwasser erhitzen und zunächst den Kohlrabi für fünf Minuten darin köcheln. Anschließend den Brokkoli dazu geben und für weitere zwei Minuten köcheln. Das Gemüse abschütten.

Das Ghee in einer Pfanne erhitzen und den Kreuzkümmel, Curry, Ingwer, Koriander kurz anrösten. Das abgetropfte Gemüse dazugeben und unter Rühren für zwei Minuten rösten. Mit der Kokosmilch etwas Wasser ablöschen und das Tomatenmark untermengen. Für fünf Minuten sanft köcheln. Mit etwas Zitronensaft, Salz und Pfeffer abschmecken.

Den Buchweizen auf einen Teller geben, das Gemüse dazu geben und mit ein paar frischen Kräutern garnieren.

Gefüllte Süßkartoffel mit Lachs

Zutaten:

2 Süßkartoffeln

2 Eier

200 g Schmand

Salz und Pfeffer

Muskat

4 Scheiben geräucherter Lachs

Basilikum oder Petersilie

So gehts:

Die Süßkartoffeln in der Mitte teilen und für ca. 10 Minuten in Salzwasser kochen (sie sollten nicht zu weich sein). Die Kartoffelhälften etwas abkühlen lassen und dann mit einem Teelöffel aushöhlen und in eine Auflaufform stellen. (Die ausgelöffelte Masse kann z.B. in einer Gemüsesuppe verarbeitet werden)

Eier, Schmand, geschnittenen Lachs sowie Salz, Pfeffer und Muskat verquirlen und in die Kartoffeln füllen. Mit Basilikum oder Petersilie garnieren. Bei 180°C Umluft, im vorgeheizten Backofen ca. 20 Minuten backen.

Agni INFO

Tja, Fisch mit Schmand ist nicht unbedingt ayurvedisch, aber sehr lecker. Dieses Gericht kochte Irina nicht oft, aber wenn dann galt es als Ausnahme, denn wenn wir uns ab und zu mal etwas kochen, was nicht zu 100% optimal verdaut wird, dann steckt unser Körper das weg.

Anders ist es, wenn wir dies häufig tun.

Auch hier: bitte nur mit gutem Gewissen genießen ☺!

Mung Dal mit Gemüse

Zutaten Dal:

200 g Mung Dal, über Nacht eingeweicht
1 Liter Wasser
1 TL Garam Masala
1 TL Cumin, gemahlen
2 TL Curry
1,5 TL Steinsalz
1 große Tomate, klein gewürfelt
eine Handvoll Basmatireis
ein Schuss Pflanzensahne

Zutaten Gemüsepfanne:

1/2 kleiner Brokkoli
1/2 kleiner Blumenkohl
2 EL Ghee oder Kokosöl
1 rote Zwiebel
1 kleines Stück geriebener Ingwer
Salz und Pfeffer
Limettensaft
Frischer Koriander

IRINAS
Love Note

Dal-Gerichte sind Ayurveda's favourites. Mit der richtigen Zubereitung sind sie gut bekömmlich, machen lange satt und spenden auch ohne tierische Produkte wertvolles Eiweiß und Ballaststoffe.

So geht's:

Den Mung Dal gründlich waschen und mindestens 6 Stunden einweichen lassen. Die Tomate waschen und in kleine Stücke schneiden. Das Wasser in einem Topf, mit den Gewürzen erhitzen und den Mung Dal darin für ca. 30 Minuten auf mittlerer Hitze köcheln lassen. Von der Herdplatte nehmen, den Basmatireis unterrühren und bei geschlossenem Deckel 20 Minuten ziehen lassen. Mit einem Schuss Pflanzensahne verfeinern.

Zubereitung Gemüsepfanne:

Wasser in einem Topf erhitzen und salzen. Blumenkohl und Brokkoli in Röschen teilen. Den Blumenkohl ins kochende Wasser geben und 3 Minuten köcheln, dann den Brokkoli dazu geben und für weitere zwei Minuten köcheln. In einem Sieb gut abtropfen lassen. In der Zwischenzeit den Ingwer schälen und die Zwiebel in feine Ringe schneiden.

Das Fett in einer Pfanne erhitzen und Ingwer und Zwiebeln darin für ca. 2 Minuten anrösten. Dann an den Pfannenrand schieben. Die Röschen mit dem Stiel nach oben in die Pfanne setzten und für ca. 3 Minuten anbraten, sodass die Röschen braune Stellen ansetzten. Dann umrühren, mit Salz, Pfeffer und Limettensaft abschmecken.

Den Dal auf Teller verteilen, die gebratenen Röschen darauf verteilen und mit dem Koriandergrün garnieren.

Dinkel-Flammkuchen

mit Äpfeln, Walnüssen, Rucola und veganem Feta

Zutaten Teig:

220 g Dinkelmehl Type 1050
100 ml warmes Wasser
3 EL Olivenöl
1/2 TL Steinsalz

Zutaten Belag:

1 rote Zwiebel
250 g veganer Fetakäse
2 kleine Äpfel
200 g vegane Streichcreme
50 g Walnüsse
2 EL Ahornsirup
Frische Rosmarinnadeln, fein gehackt
1/2 Paket veganer Feta
Rucola

So geht's:

Dinkelmehl, Wasser, Olivenöl und Steinsalz zu einem glatten Teig verarbeiten. Für fünf Minuten gut durchkneten. Den Teig mit etwas Olivenöl einreiben. Mit einem Tuch bedecken und 30 Minuten bei Zimmertemperatur ruhen lassen.

Ein Backblech mit Backpapier auslegen und den Flammkuchenteig dünn ausrollen.

Den Ofen auf 220°C Ober-/Unterhitze vorheizen. Die Zwiebel schälen und in Ringe schneiden, die Äpfel, waschen, entkernen und längs in feine Scheiben schneiden. Dann die Walnüsse kleinhacken und mit dem Ahornsirup verrühren und mit Salz und Pfeffer würzen.

Jetzt die vegane Streichcreme auf dem Flammkuchenteig verteilen, salzen und mit Zwiebeln, Äpfeln, zerbröseltem veganen Fetakäse und Walnüssen belegen. Zuletzt die Rosmarinnadeln darüber streuen.

Den Flammkuchen für 7 Minuten backen, aus dem Ofen nehmen und mit dem veganen Feta und Rucola bestreuen.

Agni INFO

Hier wird bewusst veganer Feta eingesetzt, weil auch Apfel mit im Gericht ist. Früchte und Milchprodukte verdauen sich gemeinsam nicht gerade gut.

Fenchel Zucchini-Pfanne

Zutaten für 2 Personen:

1 kleine rote Zwiebel

1 daumengroßes Stück Ingwer, geschält und gehackt

1 Zucchini

1 mittelgroßer Fenchel

2 EL Kokosöl oder Ghee

1 TL Kurkuma

1 EL Sojasauce

300 ml Kokosmilch

2 EL süßsaure Thaisoße

Saft von einer halben Limette

Salz

So gehts:

Die Zwiebel schälen, vierteln und in feine Ringe schneiden. Den Ingwer schälen und fein hacken. Die Zucchini waschen, vierteln und in Stücke schneiden. Den Fenchel waschen, vierteln und in feine Scheiben schneiden.

Das Fett in der Pfanne erhitzen, die Zwiebeln und den Ingwer darin solange anbraten, dass feine Röstaromen entstehen.

Jetzt Kurkuma dazugeben und anschließend das Gemüse untermengen, salzen und für ein paar Minuten mitrösten. Die Sojasauce dazugeben, kurz weiter braten und dann mit der Kokosmilch ablöschen. Für 5 Minuten sanft köcheln.

Die Pfanne von der Herdplatte nehmen, die süßsaure Soße, den Limettensaft und die Basilikumblätter untermengen und mit Salz abschmecken.

Kartoffel-Gemüse-Püree mit Ofen-Fenchel

Zutaten:

600 g Kartoffeln
300 g gemischtes Gemüse
(z.B. Blumenkohl, Kohlrabi, Kürbis)
2 EL Ghee oder Kokosöl
100 ml Pflanzendrink
Salz
Muskat

Zutaten Ofenfenchel:

1 Fenchelknolle
1 kleine rote Zwiebel
50 ml Olivenöl
1 TL Steinsalz
1 Msp. Asafoetida
1/2 TL Fenchelsamen
1/2 TL Kreuzkümmel
1 EL Zitronensaft

Zutaten Salat:

1 Bund Rucola
2 EL Olivenöl
1 EL Apfelessig
1 TL Marmelade
Salz und Pfeffer

So geht's:

Die Kartoffeln und das Gemüse schälen und klein schneiden und in Salzwasser gar kochen. Den Topf vom Herd nehmen, Ghee oder Kokosöl und den Pflanzendrink dazu geben und die weichen Stücke entweder mit einem Kartoffelstampfer oder einem Pürierstab zu einem Püree verarbeiten. Mit Muskatnuss abschmecken.

Für den Ofen-Fenchel die Knolle waschen und in Stücke schneiden und die Zwiebel fein hacken. Das Öl und die Gewürze zu einer Marinade verrühren, den Fenchel und die Zwiebeln in eine Auflaufform geben und darin marinieren. Den Backofen auf 180°C vorheizen und das Gemüse für ca. 20 Minuten backen.

Den Rucola waschen und die Zutaten für das Dressing verrühren. Anschließend über den Rucola geben und vermengen.

Das Gemüsepüree auf Tellern anrichten, den Ofen-Fenchel darauf drapieren und mit Rucolasalat toppen.

Abschlussweisheit von Irina für Dich

IRINAS
Love Note

Das Leben ist ein Prozess.
Auch in Zeiten der Krise steht er nicht still. Wir wollen es aber nicht sehen.
Wir sehen nicht, welches Wachstum, welche Heilung in einem Tief steckt.
Wir sehen nicht, welches Vertrauen und welche Liebe darin verborgen ist.
Noch nicht. Wir fühlen nur den Schmerz und sehen das Negative.
Die Erkenntnis kommt meist im Nachhinein.

Doch...wenn wir uns dafür öffnen,
über den Horizont zu schauen und zu erkennen,
was alles möglich ist, werden Wunder wahr.

Wenn Du gerade eine harte Zeit
durchmachst...dann verliere nicht den Mut. Gib niemals auf, denn auch das geht
vorbei. Das Leben ist schön und immer wert, gelebt zu werden.
In guten wie in schlechten Zeiten.

Nimm dir Zeit für die kleinen Dinge... etwas Neues auszuprobieren... den Augenblick
zu genießen... für eine kleine Pause... einen lieben Menschen zu treffen, neue Wege zu
gehen, die Welt zu entdecken, glücklich zu sein, Dinge zu tun, die du liebst,
unangenehme Dinge sofort zu erledigen und die Ruhe zu genießen.

NIMM DIR ZEIT FÜR DICH!!!

Danke

Mein ganz besonderer und größter Dank
geht an meine Seelenverwandte Carina Preuß und die wunderbare
Janna Scharfenberg, die dieses Buchprojekt ins Leben gerufen und am
meisten unterstützt haben. Ihr seid klasse!!!

Auch danke ich Kristina Nowoczin für die grandiosen Fotos
aller Rezepte und den wundervollen Prototypen, Doris Schnorbach
für die tollen Fotos von mir, Yvonne Lamberty für die Agni-, und
Mandala-Grafiken, Rosanna Raskob–Feldweg für das Buchsetzen,
Laura Krüger, Katharina Döricht, Volker Mehl, Nadine Webering
und Ilka Fischer für die tollen Texte, Jenny Lehnen für die Hilfe bei den
Rezepten und Linda Gallner für die Textkorrektur.

Erst durch euch hat das Buch Leben erhalten.
Ich danke zudem all den vielen Ayurveda Heroes sowie allen vielen
anderen Helfern und der Druckerei Krüger Druck+Verlag,
die dieses Buch unterstützen und mit verbreiten.

Und nicht zuletzt danke ich DIR,
dass du dieses Buch in der Hand hältst.

Bitte vergiss nie: „Das Leben ist schön.“

Irina Held, April 2021

Ayurveda Heroes und weitere Helfer

Dr. Janna Scharfenberg

Projektleitung

Janna ist praktizierende Ärztin, Ayurveda-Expertin, Yogalehrerin sowie Ernährungs- und Gesundheitscoach. Janna unterstützt in Kursen, Weiterbildungen und Workshops dabei, ein einfach gesundes Leben zu kreieren. Ebenso bildet sie Gesundheitsexperte:innen zum Ayurveda Lifestyle Coach aus. Zudem ist sie Mentorin für Ärztinnen, die sich eine Veränderung in ihrer Herzensberufung wünschen. Janna lebt mit ihren zwei Töchtern und Mann in Zürich. **www.drjannascharfenberg.com www.transform-medicine.com**

Carina Preuß

Projektleitung

Carina ist eine Schulfreundin von Irina. Sie ist die Geschäftsführerin des weltweit bekannten Fünf-Sterne-Ayurveda-und-Panchakarma-Kur-Resorts „Ayurveda Parkschlösschen" in Traben-Trarbach, welches ihre Eltern gründeten als sie drei Jahre alt war. Als Yogalehrerin und Ayurveda Lifestyle Coach brennt sie dafür, andere Menschen zu einem gesünderen Leben mit Ayurveda zu inspirieren und gibt ihr breites Ayurveda Wissen in Vorträgen, online und mit ihrem „Mein Ayurveda Lifestyle Onlinekurs" auf moderne und inspirierende Art weiter. **www.ayurveda-parkschloesschen.de**

Kristina Nouroczin

Fotos & Rezepte

Kristina liebt und lebt die ayurvedische Kochkunst. Das Kreieren von Rezepten, Werkeln in der Küche, Mischen von Masalas und Kombinieren saisonaler Lebensmittel entspringt ihrer Vata-Natur und erfüllt sie durch und durch. Kreativität bestimmt ihr Leben. Ob in der Küche oder als Designerin. Von Haus aus ist sie studierte Kommunikations- und Foto-Designerin, welche sich auch in ihrer Leidenschaft zum Food-Design und zur Food-Fotografie wiederspiegelt. Bereits in ihrer frühen Jugend beschäftige sie sich mit der vedischen Küche. 2016 hat sie ihre Ernährungskenntnisse in einer Ausbildung zum „Ayurveda-Kochcoach" vertieft, 2017 zur zertifizierten Ayurveda-Ernährungsberaterin. Aktuell festigt sie ihr Wissen in der Ausbildung von Dr. Janna Scharfenberg zum Ayurveda Lifestyle Coach. Sie ist Gründerin des Labels Masala Love und entwickle kreative Ayurveda-Rezepte und Food-Fotos für Magazine, Kochbücher und ihre eigenen Kochboxen. **www.masala-love.de**

Jenny Lehnen

Rezepte

Jenny ist die Gründerin von Yogiveda, Expertin für Ayurveda & Detox und gibt regelmäßig Workshops und Retreats zu diesen Themen. Sie teilt ihr Wissen sowie ihre Begeisterung für den Ayurveda in ihrem Podcast „Körper & Geist im Einklang" und auf ihrem Blog. **www.yogiveda.de**

Volker Mehl

Text & Kochworkshop

Volker ist als Ernährungsberater und Yogalehrer in seinem Ayurveda-Gesundheitszentrum und seiner Ayurveda-Kochschule in Heppenheim tätig. Er gilt als Deutschlands angesagtester Ayurvedakoch, beschäftigt sich seit über 20 Jahren mit ganzheitlichen Heilmethoden, ist zweifacher Gewinner des Gourmand World Cookbook Award und Spiegel Bestseller Autor.

www.volkermehl.com

Katharina Döricht

Text

Katharina Döricht ist studierte Ernährungstherapeutin, Expertin im Bereich Darmgesundheit, Buch-Autorin zweier toller Ayurveda-Kochbücher und Yogalehrerin. Auf ihrem Blog „www.tastykaty.com" dreht sich alles um das Thema ganzheitliche Gesundheit, pflanzliche Rezepte und Achtsamkeit.

www.tastykaty.com

Nadine Webering

Text

Nadine ist Fachärztin für Neurologie, Ayurveda-Medizinerin, Buchautorin und Onlineunternehmerin. Ihre Mission ist es, den Ayurveda als ganzheitliche Lebensphilosophie so vielen Menschen wie möglich nahezubringen, um so einen Impuls zu geben, dass sich unsere Welt zu einem gesünderen Ort entwickeln kann. **www.drnadinewebering.com**

Ilka Fischer

Text

Ilka ist Globetrotterin, leidenschaftliche Köchin, Natur- und Tierliebhaberin, lebt mit ihrem Mann und ihren Hunden im schönen Westfalen, auf Sylt und auf Mallorca und arbeitet als Holistic Lifestyle Coach sowie als Yoga- und Meditationslehrerin. Ein besonderer Schwerpunkt ihrer Arbeit ist das ayurvedische Kochen, wo sie sehr gern mit frischen Zutaten, Kräutern und Gewürzen experimentiert und saisonal neue Rezepte entwickelt, die leicht nachzukochen sind. Im Moment schreibt sie ihr erstes Buch „Mein Ayurveda-Lifestyle auf Mallorca". **www.pura-vida-yoga.de**

Laura Krüger

Text

Laura ist Wahlhamburgerin und beschäftigt sich seit vielen Jahren mit Themen rund um Ernährung, Nachhaltigkeit und Gesundheit. Ihren Master in Sustainable Marketing & Leadership schloss sie als Jahrgangsbeste ab. Neben ihrer Tätigkeit als Ayurveda Coach und Ayurveda-Onlineunternehmerin mit dem Fokus auf Frauengesundheit, leitet Laura gemeinsam mit dem Gründer den Ayurveda Campus in Schwerin. Dort unterrichtet sie unter anderem die ayurvedische Ernährungslehre gepaart mit modernen Ansätzen. Sie liebt es wissenschaftliche Erkenntnisse und ihr Hormonwissen mit dem Ayurveda zu verbinden und ihre Klientinnen ganzheitlich zu unterstützten. **www.laura-krueger.com**

Yvonne Lamberty

Mandalas & Agni

Yvonne Lamberty lebt zwischen Deutschland und Südfrankreich und ist eine bekannte Malerin für Mandalas und Intuitive Art. Wenn Yvonne malt, wird für sie die Leinwand zur Manege der kosmischen Kraft. Mit ihrer Kunst möchte sie an die unsichtbare Quelle allen Seins erinnern. Ihre Vision als Künstlerin ist Menschen zu erinnern, zu inspirieren, aber auch kreativer, phantasiereicher zu machen und ihnen den Mut zu schenken, aus ihrer unerschöpflichen Quelle der wahren Kreativität zu leben. **www.yvonnelamberty.com**

Rosanna Raskob Feldreg

Grafik

Rosanna hat vor 15 Jahren ihre Ausbildung im Ayurveda Parkschlösschen als Hotelfachfrau abgeschlossen und dort viel über ein gesundes Leben mit Ayurveda gelernt. Mit ihren vielen Ideen und der Leidenschaft, Dinge zu gestalten, blieb sie nicht beim Hotelfach, sondern arbeitet heute als Mediengestalterin und Schmuckdesignern - ganz im Sinne ihres kreativen Vatas. Für dieses Buch hat sie Text und Bildmaterial gesetzt und die finale Buchdatei für den Druck fertig gemacht. **www.jondola-creative.de**

Linda Gallner

Lektorat

Linda Gallner inspiriert und begleitet Menschen dabei, ihre einzigartige Energie zu entdecken und sich selbst zu verwirklichen. In der persönlichen Selbstfindung nutzt sie neben dem Ayurveda im gesundheitlichen Bereich spirituelle Tools wie Human Design. Als Business Mentorin unterstützt sie Selbständige, ihre Einzigartigkeit mit ihrem Herzens-Thema nach außen zu tragen. **www.linda-gallner.de**

Laura Seiler

Jasmin & Josi
Jess

Lena Schrind

Alina Hübecker

Dana Schurandt

Tina & Pascal
Achiti

Ulrike Dreier

Ina Schüttke

Mimi Fiedler

Steffi
Workmann

Nicole Reichl

Ben Sygusch

Monika Müllner

Natalie Baldys

Julia Gletsi

Romina Merkel

Angelika
Hauser

Tina Wagner

Stephanie
Diederichsen

Yvonne Wagner

Friend Love

Sofia

Irina und ich lernten uns über Social Media kennen. Ich war schwanger mit meinem ersten Kind und auf der Suche nach ayurvedischem Rat; Irina schwanger mit Milan - ihrem jüngsten Sohn. Die Parallelen unserer Vergangenheit waren erstaunlich. Wir begleiteten einander durch Schwangerschaft, Geburt und Wochenbett. Irina bot mir mit ihrem ayurvedischen Wissen gerade in dieser Zeit eine wertvolle Unterstützung. Zugleich fand ich in ihr nicht nur eine wunderbare Freundin, sondern eine Schwester - eine Seelenverwandte. Sie ist bis heute eine meiner wichtigsten Ratgeberinnen und Wegbegleiterinnen. Wir helfen einander zu wachsen und Irinas Art, das Leben zu leben ist, für mich Kraftquelle und Inspiration zugleich.

tauschen über die Liebe und das Leben. Mit ihrer wundervollen Art inspiriert sie nicht nur mich, sondern auch viele andere Menschen. Eine Powerfrau, Sonnenschein und Vorbild in vielen Bereichen, wie ich es selten erlebt habe.

Da sich meine Leidenschaft zum Kochen in Grenzen hält, freue ich mich umso mehr, wenn ich Irinas Köstlichkeiten aus der ayurvedischen Küche probieren darf. Einfach unfassbar lecker und gesund.

Carina

Im Gymnasium waren Irina und ich eine Stufe auseinander, aber alle sprachen uns darauf an, ob wir Schwestern seien.

Wir sahen uns oft sehr ähnlich mit den blonden Wellen und blauen Augen. Als wir beide nach unserer Unizeit zurück in die Heimat zogen, wurden wir richtig enge Freundinnen, die sich bis heute durch dick und dünn begleiten. Sicherlich ist dies nicht unser erstes gemeinsames Leben, irgendwie fühlt es sich so an, als würden wir uns schon lange kennen ;).

Irina hat ein Herz so groß wie die Welt und ist die tapferste Frau, die ich kenne. Und ich freue mich immer sehr darüber, dass uns die Leidenschaft für Ayurveda und die Spiritualität verbindet.

Katja

Irina und ich kennen uns seit der Schulzeit und wohnten lange im selben Ort. Seit sieben Jahren sind wir nun zu engsten Freundinnen geworden, die sich fast täglich aus-

9. Mai 2021

In dem Moment, als Irina starb, waren ihre besten Freundinnen Katja, Sophia und Carina alle auf wundersame Weise mit ihr verbunden, obwohl sie physisch nicht bei ihr waren und keine wusste, an welchem Tag sie genau gehen würde. Die Tage vor ihrem Tod waren sehr intensiv.

Um Kraft zu tanken, fuhr Sofia an einen See. Der See war menschenleer und der Tag war ungewöhnlich warm für Anfang Mai. Zwischen vielen grauen Regentagen gab es nur genau diesen einen strahlenden Sonnentag. Irina liebte es draußen in der Natur zu sein und sah besonderes Wetter stets als Zeichen des Himmels an - insbesondere ihres am 4.4.2010 verstorbenen Vaters. Mit dem SUP fuhr Sofia hinaus auf das Wasser und spürte tiefen Frieden. In diesem Moment flog eine Ente neben ihr auf und über sie hinweg. „Flieg auf, Irina" sprach sie, während sie ihr nachsah. „Dein Papa wartet auf Dich". Zurück am Ufer beobachtete sie mit ihrem kleinen Sohn schweigend ein faszinierendes Lichterspiel auf dem Wasser, gemalt von Sonne, Wind und Blättern. Sofia spürte, dass Irina in dem Moment, als sie auf dem Wasser stand, gegangen war und ihr nun diesen Gruß sandte.

Carina kam gerade aus dem Bad, als sie sich grundlos umdrehte und direkt auf den Wecker auf ihrem Bett starrte, fast so, als hätte sie eine unsichtbare Kraft dazu bewogen dies zu tun. Dort stand 4:44 pm. Sie fasste sich ans Herz und sagte laut „Oh Gott!". Sie wusste sofort, das hat mit Irina zu tun, denn Irina liebte die Zahl 4 und wachte früher Jahre lang um 4:44 morgens auf. Das war seit dem Tod ihres Vaters „Irinas Zeit". Sie machte ein Foto und sendete es Irinas Bruder Sergej, der an Irinas Seite saß. Sie ging daraufhin aus dem Haus und stand gerade im Garten, als Sergej anrief. Irina hätte eben ihren letzten Atemzug genommen. Sie ist um 4:44 nachmittags unter freiem Himmel auf der Dachterrasse des Hospizes in Simmern verstorben, so steht es sogar in der Sterbeurkunde. Direkt nach dem Anruf zog urplötzlich ein sehr starker Sturm auf und die Kirchenglocken läuteten. Es war ein sehr mystischer Moment.

Da Muttertag war, fuhr Katja spontan zum Ruhewald, wo ihre verstorbene Mutter einen wunderschönen Baum hat. Auch Irina hatte sich ihre Grabstätte dort gewünscht. Katja besuchte ihre Mutter und wanderte danach noch eine Weile intuitiv durch den großen Ruhewald. Sie war bereits am ganz anderen Ende angekommen, als sie einen Baumstumpf fand und ihre Tasche ablegte um dort inne zu halten. Sie fühlte sich auf einmal besonders mit Irina verbunden und schaute einige lange Momente nach oben zu den Baumwipfeln. Auch sie hatte dort einen besonderen Moment des Friedens. Sie stand sogar noch dort, als sie erfuhr, dass Irina soeben von uns ging. Wenige Tage später liefen Irinas Ehemann, Kinder, Bruder, Katja und Carina durch eben diesen Ruhewald. Die Kinder sollten sich einen Baum für Irina aussuchen. Nach langem Hineinspüren und unzähligen Bäumen, die in Frage kamen, suchte sich Irina's Tochter Louisa genau den Baum aus, vor dem Katja in dem Moment, als Irina starb stand und hoch in genau die Baumwipfel schaute, unter denen Irina nun ruht.

Diese Momente bleiben den drei Freundinnen für immer im Gedächtnis, denn sie zeigten ihnen auch, dass Irina immer mit ihnen verbunden bleibt.

Tolles Extra

KOCHEVENT MIT VOLKER MEHL

Mit dem Kauf von Irinas Buch hast du automatisch einen
Zugang zum Replay des Community Online Kochevents mit dem
Ayurveda Koch Volker Mehl bekommen. In diesem tollen, ca. zweistündigen
Kochevent haben bereits viele, die das Buch im Vorverkauf erworben haben,
gemeinsam erste Rezepte aus Irinas Buch gekocht.

ARABISCHE DATTELCREME	SEITE: 121
SÜSSKARTOFFEL-MANGO-SUPPE	SEITE: 143
SÜSSKARTOFFEL AUS DEM OFEN	SEITE: 177
HUMMUS MIT RUCOLA & BASILIKUM	SEITE: 199
FENCHEL-ZUCCHINI-PFANNE	SEITE: 209

Unter diesem link findest du
die Einkaufsliste und das Replay:

www.drjannascharfenberg.com/irina

INTUITIV KOCHEN MIT
Ayurveda

Für Fragen und Antworten wenden Sie sich an **kochbuch.irina.held@gmail.com**

Originalausgabe
1. Auflage 2022

Krüger Druck + Verlag GmbH & Co. KG
Handwerkstraße 8-10
66663 Merzig
Tel: 06861 / 7002 0
Fax: 06861 / 7002 125

Projektleitung: Dr. Janna Scharfenberg & Carina Preuß
Umschlaggestaltung: Kristina Nowoczin, Rosanna Raskob-Feldweg
Umschlagabbildungen: Doris Schnorbach
Fotos von Irina im Innenteil:
>   **Doris Schnorbach:** Ss.: 7, 26-27, 36-37, 46, 52, 212, 214, 222
>   **Klaus Broßler:** Ss.: 9 & 11
Foodstyling & Fotos der Speisen: Kristina Nowoczin
Mandala Grafiken Ss. 1, 17, 25, 33, 43, 47, 51, 57 + Agni Grafik: Yvonne Lamberty
Satz: Rosanna Raskob-Feldweg
Druck: Krüger Druck + Verlag, Merzig, D

Printed in Germany

ISBN Print: 978-3-9822734-8-8

Impressum